KB216213

나는 1년간
129번
배당을 받습니다

제2의 월급 받는 배당주 투자지도

나는 1년간 129번 배당을 받습니다

주식쇼퍼(김태환) 지음

연간 129번, 약 3천만 원 수익 내는 기적의 배당주 투자 바이블

원앤원북스

프롤로그

평범한 직장인이 돈 걱정에서 벗어나려면

첫 직장생활을 2014년 일본의 대기업에서 시작했습니다. 초봉이 높은 것으로 유명한 업계라 월 300만 원 정도는 받을 줄 알았는데 웬걸, 세금 떼고 기숙사비를 떼니 실수령액은 당시 환율로 약 120만 원에 불과했습니다(일본은 원래 초봉이 상당히 낮습니다). 그때부터 소위 말하는 '짠돌이'가 되었습니다. 구내식당의 500엔짜리 식사도 비싸 보여서 100엔짜리 맥도날드 버거 2개와 24엔짜리 마트 콜라로 한 끼를 해결하는 일이 반복되었습니다. 생활이 궁핍하니 정신적으로도 피폐해졌습니다. 절약만으로는 한계가 있다는 것을 깨달았습니다.

더 이상 이렇게 살 수 없다는 판단에 한국으로 돌아와 이직을 하고 본격적으로 자산을 불리기 시작했습니다. 가계부를 쓰면서 월 200만~300만 원을 모으고 꾸준히 투자를 했습니다. 20대에는 1억 원을 모은다는 것이 엄청난 일처럼 보였는데 3년 만에 1억 원을 모았습니다. 월급뿐만 아니라 다양한 부업을 통해 수익을 늘렸고, 저축한 돈을 재투자하면서 3년차부터는 월급의 100% 이상을 저축했습니다. 30대가 되니 목표는 10억 원으로 바뀌었고, 40대에는 50억 원을 목표로 삼고 있습니다.

문제는 투자금이 늘면 늘수록 자산의 변동이 커진다는 점입니다. 100만 원으로 주식에 투자하면 5% 하락해도 5만 원에 불과하지만, 종잣돈이 1억 원을 넘기면 경우에 따라 하루에도 월급 수준의 돈이 움직입니다. 심한 날은 몇 달치 월급이 사라지기도 하니 회사 일이 손에 잡히지 않습니다. 이때 또 한 번 고민했습니다. 제가 원한 건 당장 부자가 되는 게 아니라 '돈 걱정 없이 행복하게 사는 것'이었습니다. 돈이 없을 때 어떻게 벌어야 할지 고민했다면, 종잣돈이 늘어난 후에는 자산을 잃을까 걱정하는 처지가 되었습니다. 무언가 잘못된 것 같았죠.

의외로 힘들게 모은 소중한 돈을 별다른 고민 없이 남들이 '좋다고' 추천하는 종목에 쾌척해 큰 손실을 보는 경우가 많습니다. 물론 누구나 시행착오를 겪기 마련입니다. 저도 처음에는 온갖 시행착오를 겪었습니다. 테마주에 투자했다 눈물을 머금고 손절한 경험을 다들 한두 번쯤 할 겁니다. 인터넷으로 최저가를 찾기 위해 들이는 노력의 절반만이라도 시간을 할애하면 훨씬 나은 결과를 얻을 텐데, 큰돈이 오가는 투자에서 너도나도 쉽고 빠른 길만 찾으니 참으로 안타까웠습니다.

본업으로 바쁜 직장인에게 딱 맞는 투자법은 고배당주 중에서도 저평가된 종목을 찾아 버티는 것입니다. 배당주에 투자하면 월급처럼 매월 꾸준히 현금흐름이 생기고, 심리적으로 안정감이 들면서 누구나 장기적인 성과를 낼 수 있습니다. 더불어 배당금을 다시 배당주에 재투자함으로써 복리효과를 극대화할 수 있습니다. 저렴한 맥도날드 버거와 콜라로 연명했던 제가 이제는 어느덧 연 3천만 원에 가까운 배당금을 받고 있습니다.

저는 투자 전문가도 아니고, 주식으로 수백억 원을 벌어본 슈퍼개미도 아닙니다. 그냥 돈과 투자에 관심이 많아 수백 권의 투자 서적을 읽고 온갖 시행착오를 겪으며 배당금을 쌓아가고 있는 직장인입니다. 평범한 저도 해냈으니 여러분도 할 수 있습니다.

제 유튜브 영상에 종종 '이 친구는 원래 돈이 많았겠지' 하는 댓글이 달리는데, 전혀 그렇지 않습니다. 보통의 직장인일지라도 단순히 아끼고, 더 벌고, 꾸준히 투자하는 것만으로도 성공할 수 있다는 것을 보여주고 싶었습니다. 끈기를 갖고 꾸준히 배당금을 재투자하는 것만으로도 배당금은 매년 불어납니다.

손쉽게 부자가 되는 방법은 없지만, 좋은 배당주를 보는 눈을 키워 꾸준히 투자한다면 누구나 배당금만으로 생활비를 충당하는 마법과도 같은 경험을 할 수 있을 겁니다. 10년 넘게 직장생활을 하면서 사회적으로도 성공과 실패를 경험했고, 주식 투자로 돈을 벌기도 잃기도 했습니다. 이런 경험을 기록하기 위해 블로그를 시작한 지 3년, 유튜브는 2년이 되었습니다. 감사하게도 많은 분이 응원해주시고 이웃과 구독자가 꾸준히 늘면서 여기까지 오게 되었습니다.

이 책은 월급만으로는 먹고살기 힘든 30~40대 직장인에게 꼭 필요한 내용을 다룹니다. 블로그와 유튜브에서 파편적으로 다룬 노하우를 종합하고, 제가 지금까지 경험하고 고민했던 모든 것을 아낌없이 담았습니다. 남의 추천이나 소문으로 주식을 사는 게 아닌, 직접 판단할 수 있는 능력을 기르는 데 초점을 맞췄습니다.

여러분이 이 책을 읽는다고 1년 만에 부자가 되는 일은 없을 것입니다. 다만 자신합니다. 책의 내용을 숙지하고 실천으로 옮긴다면 은퇴 시점에 돈 걱정하는 일은 없을 것입니다.

주식쇼퍼(김태환)

목차

PART 1 마음 편한 배당주 투자

PART 2

배당주 투자에 골든타임은 없다

PART 3 배당주 투자를 위한 최소한의 지식

PART 4 좋은 배당주, 나쁜 배당주

PART 5 시장에서 살아남는 배당 투자 마인드셋

회사에 다니면서 주식 투자를 해봤다면 한 번쯤 화장실에서 몰래 호가창을 봤던 경험이 있을 것입니다. 내가 투자한 종목이 하루에도 몇 퍼센트씩 출렁이는데 그럴 만도 합니다. 투자금 규모가 클 경우 변동성이 심한 날에는 몇 달치 월급이 수시로 왔다갔다 움직입니다. 과연 일이 손에 잡힐까요? 주식 앱을 계속 보고 있노라면 흔히 말하는 '호가창에 빠져드는' 경험을 합니다. 실시간으로 바뀌는 숫자를 보고 있다 보면 정신이 혼미해지고 판단력이 흐려집니다. 저는 그럴 때야말로 배당주 투자를 시작해야 할 때라고 생각합니다.

마음 편한 배당주 투자

은퇴 시점이 빨라지고 있다

우리가 생각했던 것보다 세상은 빠르게 변하고 있습니다. 2023년은 바야흐로 AI시대의 서막이었습니다. 예전에는 10명이서 할 일을 1~2명이서 처리하는 일이 많아졌습니다. AI의 현장 도입이 가시권에 들면서 회사는 신규 고용을 줄이고 있고 매년 희망퇴직만 받고 있습니다.

김대식 KAIST 전기 및 전기공학부 교수는 〈파이낸셜뉴스〉와의 인터뷰에서 AI가 지적노동, 인지노동을 대체할 시점을 약 5~10년 후로 전망한 바 있습니다. 딥마인드를 공동 설립한 무스

타파 설리만은 최근 샌프란시스코에서 열린 GIC 브릿지포럼에서 "의심할 여지없이 향후 5년에서 10년 사이에 화이트칼라 분야의 많은 작업이 매우 다르게 보일 것"이라며 "심각한 수의 패배자들이 있을 것이고, 그들은 불행하고 매우 동요할 것이다"라고 경고하기도 했습니다.

실제로 산업 현장은 빠르게 재편되고 있습니다. 미국의 IBM은 최근 5년 내 비고객 대면 직무의 30%를 AI로 대체하겠다고 밝혀 주목을 끌었습니다. IBM의 아르빈드 크리슈나 CEO는 "우리는 신규 채용을 중단하거나 매우 소규모로 진행하고 있다"라고 말하며 인력을 AI로 대체하겠다고 천명했습니다. 실제로 IBM은 향후 5년 내 2만 5천여 명의 글로벌 비고객 대면 인력의 30%에 해당하는 7,800여 명을 감축할 계획입니다.

직장인의 평균 은퇴연령은 49.3세입니다. 이 중에서 권고사직, 명예퇴직, 정리해고, 직장 폐업 등 비자발적으로 은퇴하는 비중은 40%를 상회합니다. AI가 본격적으로 제도권으로 들어오면 조기퇴직의 압박은 더욱 커질 것입니다. 50대 이후에는 일하고 싶어도 받아줄 회사를 찾기가 힘듭니다.

여러분은 언제까지 일하고 싶나요? 빠른 은퇴를 꿈꾸는 사람도 있고, 더 일하고 싶은 사람도 있겠죠. 은퇴도 양극화가 되어가고 있습니다. 미래에 대한 고민이 필요한 시점입니다.

퇴직 예상 연령과 희망 연령의 동상이몽

대부분의 직장인은 사실 더 오래 일하고 싶어 합니다. 직장인이 희망하는 은퇴연령은 놀랍게도 만60세입니다. 〈동아일보〉가 취업플랫폼 인크루트에 의뢰해 20~40대 직장인 1,200명을 대상으로 설문조사한 결과, 직장인의 퇴직 희망 연령은 평균 60세로 현재 법정정년과 동일했습니다. 반면 실제로 퇴직할 것으로 예상하는 나이는 평균 53.1세였습니다. 제도와 현실의 괴리가 무려 7년인 것입니다.

MZ세대가 '퇴사 유튜브'를 즐겨보는 것과 달리 현실은 정반대입니다. 파이어족*이라는 단어도 유행했지만 현실은 그렇지 않습니다. 물론 정말 일을 하고 싶어서 은퇴를 늦게 하겠다는 분도 계시긴 하겠지만, 핵심은 '일'이 아니라 '돈'입니다. 일을 더 하고 싶어서 퇴사하기 싫은 게 아니라 돈이 부족해서, 돈을 더 벌고 싶어서 퇴사하기 싫은 것이죠. 우리가 회사에서 싫은 사람들을 매일 보면서 재미없는 일을 억지로 하는 이유는 돈이 필요해서입니다.

20~30년 성실하게 직장생활을 해도 은퇴 후에는 생활비가 걱정됩니다. 돈은 들어올 구멍보다 나갈 구멍이 훨씬 많다고 하죠? 노년의 생활비를 책임지는 안전장치인 국민연금만으로는 많

여기서 잠깐!

파이어족: 파이어(FIRE)란 경제적 자립(Financial Independence)과 조기은퇴(Retire Early)의 합성어로 40대 전후에 조기은퇴를 꿈꾸는 사람들을 말한다. 극단적으로 아껴서 돈을 모으는 부류와 자산 증식으로 부를 축적해 은퇴하는 부류로 나뉜다.

이 부족한 것이 현실입니다. 저출산과 고령화로 인해 국민연금을 내야 할 젊은층의 수는 줄어드는 가운데 부양받아야 할 노년층은 늘고 있으니까요. 국민연금 제도에 대한 불신이 커진 배경입니다. 오죽하면 기금 고갈을 걱정하며 국민연금 해지를 원하는 목소리도 커지고 있습니다.

국민연금공단 '제9차 중고령자의 경제생활 및 노후준비 실태'에 따르면 1인당 적정 노후 생활비는 월 177만 원이라고 합니다. 그런데 2023년 12월 기준으로 전국의 수급자는 650만 명, 1인당 월평균 지급액은 고작 56만 4천 원입니다. 여러분은 56만 4천 원으로 생활이 가능한가요? 이마저도 10년, 20년 뒤에는 더 줄어들 수 있다고 합니다. 이 돈으로 은퇴하고 먹고살기에는 턱없이 부족해 보입니다.

국민연금 월평균 수령액과 적정 생활비 비교

약 56만 원

1인당 국민연금 월평균 수령액
국민연금공단 2023년 12월
전국 국민연금 급여 기준

약 177만 원

1인당 적정 한 달 생활비
국민연금공단 2023년 1월
'제9차 중고령자의 경제생활
및 노후준비 실태' 기준

자료: 국민연금공단

퇴직 후
필요한 돈

여러분이 생각하는 은퇴 시기와 필요한 월 생활비는 얼마인가요? 마이핀플(www.myfinpl.com)에서 제공하는 '파이어족 은퇴 나이 계산기'를 활용해보겠습니다. 현재 자산과 앞으로의 수익을 기준으로 은퇴 가능한 나이를 확인할 수 있습니다. 예를 들어 현재 만 40세이고 수익은 월 400만 원, 지출은 월 300만 원, 순자산 3억

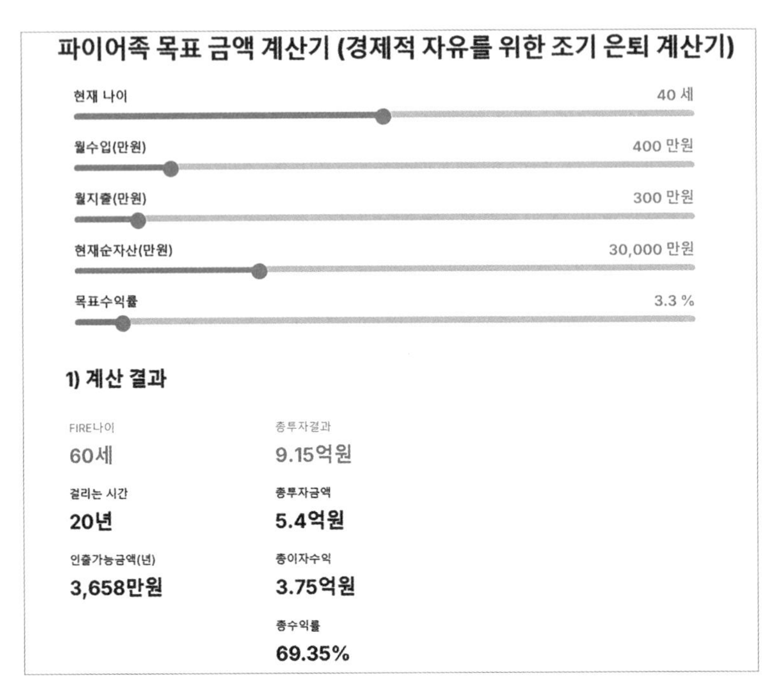

● 마이핀플 '파이어족 은퇴 나이 계산기' 결과

원을 보유한 직장인이라고 가정해봅시다. 은행 예적금으로 3.3%씩 수익을 낸다면 딱 60세에 은퇴가 가능합니다. 다만 이 숫자는 세금과 물가상승률을 고려하지 않은 결과입니다. 물가상승률이 제로가 아닌 이상 은퇴는 요원합니다.

그런데 문제가 있죠? 계속 일하고 싶어도 언젠가는 퇴사를 해야 한다는 것입니다. 그것도 자발적인 퇴사가 아니라 희망퇴직과 같은 비자발적인 퇴사가 너무 당연시되는 시대입니다. 통계청에 따르면 국내 임금 근로자는 평균 49.3세에 퇴직하고, 이 중 절반

가까이는 정년 이전에 비자발적인 조기퇴직을 경험한다고 합니다. 30세에 취업해서 20년 정도 일하고 나면 먹고살 길이 막막해집니다. 고작 56만 원 준다는 국민연금도 65세가 되어야 수령할 수 있으니 50세에 퇴직하면 15년 정도의 공백이 생깁니다.

15년이라는 긴 시간 동안 어떻게 먹고살아야 할까요? 겨우 15년을 버틴다 해도 받는 돈은 56만 원에 불과합니다. 이쯤부턴 병원비도 늘어날 텐데 대책이 없다면 막막합니다. 여유롭게 세상을 유랑하고 손주에게 용돈을 주는 노년을 보내고 싶다면 미리 자산을 모아야 합니다. 저는 그 해답이 배당주 투자에 있다고 생각합니다.

N잡러는 투자할 시간이 없다

부모님 세대에는 외벌이가 당연했지만 이제는 맞벌이가 당연한 시대가 되었습니다. 그런데 맞벌이만으로도 소득이 부족하다고 느끼는 사람이 늘면서 적은 소득을 만회하기 위해 N잡이 유행하기 시작했습니다. 바야흐로 부업의 시대입니다.

현재 우리나라에 소위 'N잡러'는 얼마나 될까요? 2023년 하반기 잡코리아와 알바몬이 진행한 설문조사에 따르면 응답자 982명 중 89%가 N잡 경험이 있다고 답했습니다. 그런데 문제는 본업으로도 바쁜데 N잡까지 하면 정작 투자에 쓸 시간이 없다는 것입니다. 느긋하게 앉아서 책 볼 시간도 없는데 증권사의 리포트를 읽으면서 종목을 분석할 여력이 있을 리 없겠죠.

N잡으로 바쁜 요즘 직장인

사실 회사에서 '부업'이라는 단어는 금기시되는 말입니다. 겸업 금지 조항 때문인데요. 그럼에도 다들 몰래 N잡을 뛰고 있습니다. 신한은행 '보통사람 금융생활 보고서 2024'에 따르면 직장인

N잡러 근로활동 현황

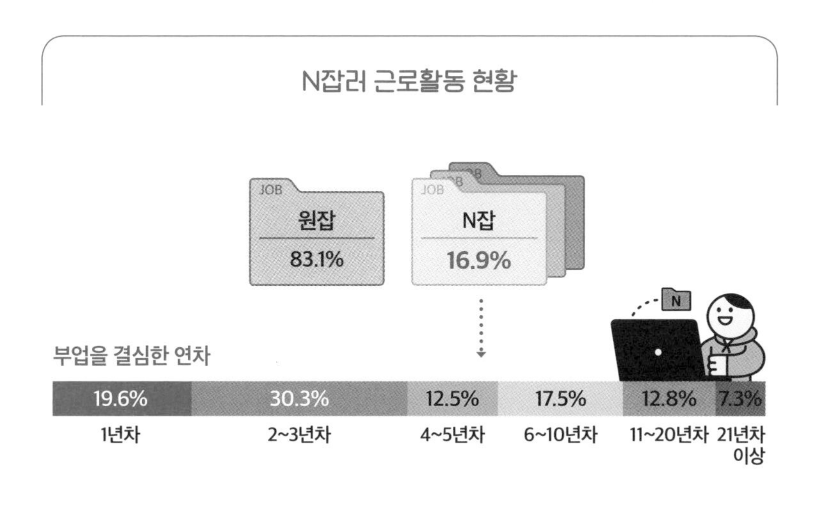

자료: 신한은행

16.9%가 부업을 하고 있다고 합니다. 5명 중 1명꼴입니다. 당연히 대부분은 돈 때문에 부업을 합니다. 생활비가 부족하거나 더 많은 돈을 벌기 위해 부업을 한다고 응답한 비율은 61.9%에 달합니다. 특히 직장인 2~3년차 때 이런 고민을 많이 하게 됩니다.

시간이 조금이라도 남으면 부업을 뛰어 파이어족을 꿈꿉니다. 누군가는 퇴근 후에 넷플릭스, 유튜브를 보면서 시간을 보내기도 하지만 오늘도 어딘가에서 누군가는 바쁘게 N잡러의 삶을 살고 있습니다. 문제는 N잡러가 되면 투자할 시간이 사라진다는 점입니다. 하루는 24시간이고, 일주일은 168시간입니다. 이 중에서 잠자는 시간, 씻는 시간, 출퇴근하는 시간, 회사에서 일하는 시간, 밥 먹는 시간 등을 빼고 나면 몇 시간이 남을까요? 저처럼 육아까지 병행하는 분이라면 하루 2~3시간 내기도 힘든 경우가 많습니다. '시간=돈'이라고 하는데, 겨우 2~3시간 부업해서 시급 정도를 벌면 큰 의미가 없습니다. 남들보다 좀 더 많은 돈은 벌겠지만 투자하고 공부할 시간은 사라지고 맙니다.

내가 100의 수익을 본업에서 내고 있다면, N잡을 할 경우 120에서 130 정도까지 수익이 늘어날지 모릅니다. 문제는 너무 모으는 데만 치중해선 안 된다는 것입니다. 언젠가는 이 돈을 굴려야 할 때가 옵니다. 목돈이 쌓일수록 내가 버는 돈뿐만 아니라 내 자산이 버는 돈에도 신경을 써야 합니다.

목돈이 쌓이고 효과적으로 자산을 배분해 투자한다면 N잡보다 더 큰 효과를 볼 수 있습니다. 내가 100을 벌고 있는데 만약 배당금 수익이 월급만큼 나온다면 본업에만 집중해도 200을 벌 수 있습니다. 여기에 맞벌이까지 해서 내가 100, 배우자가 100, 배당금 수익이 100이라면 남들보다 3배는 많은 돈을 버는 셈입니다. 예를 들어 월 300만 원 정도를 받는 평범한 월급쟁이가 투자와 맞벌이로 900만 원을 버는 것입니다.

N잡을 하지 말란 뜻은 아닙니다. 사회초년생 때는 투자를 위한 목돈 마련을 위해 N잡을 하기 마련입니다. 저도 사회생활 초기에는 수중에 딱 1천만 원만 있었습니다. 대학생 때부터 10가지 이상의 아르바이트를 경험했습니다. 식당과 카페에서 서빙도 하고, 과외도 하고, 통번역을 하는 등 다양한 일을 했습니다. 이렇게 모은 돈 1천만 원을 가지고 직장인이 되었습니다.

처음에는 푼돈에 불과한 월급만으로는 아무것도 할 수 없다고 생각했습니다. 한국 직장에서 받은 월급은 300만 원, 아무리 아껴도 생활비를 제하면 200만 원 정도가 남았습니다. 월 200만 원을 1년간 저축하면 2,400만 원이니 4년은 꼬박 모아야 1억 원을 모을 수 있을 것이라 생각했는데요. 그런데 실제로는 3년 만에 1억 원이 모였고, 그다음에는 또 2년 만에 1억 원이 모이더군요.

시드머니
1억 원의 가치

처음 1억 원을 만들기란 '더럽게' 힘듭니다. 표현이 조금 격한데 이 말을 한 사람은 바로 억만장자이자 워런 버핏의 오른팔인 찰리 멍거입니다.

> "처음 10만 달러를 만들기란 더럽게 힘듭니다. 하지만 만들어내야 합니다."

버크셔 해서웨이 주주총회에서 부를 일구는 방법에 대한 질문을 받고 나온 그의 답변입니다. 어떻게 해서든 10만 달러(약 1억 3천만 원)를 모으고 나면 이후에는 자산이 쌓이는 속도가 더 빨라집니다. 실제로 사회초년생이 1억 원을 얻기까지는 몇 년의 시간이 필요합니다. 보통 3~5년 정도 필요하죠. 그러나 그 시간이 지나면 상황은 달라집니다. 돈에 대한 개념이 어느 정도 잡히고, 1억 원을 투자에 쓰면서 복리의 마법으로 돈이 돈을 만듭니다.

N잡과 절약은 일시적인 대안일 뿐입니다. 종잣돈을 모으고 회사생활과 투자를 병행하고 싶다면 장기적으로 지속 가능한 투자 방법, 즉 배당주 투자를 시작해야 합니다. 단기간에 부자가 되

는 건 불가능하지만 꾸준히 성과를 내면서 장기적인 관점에서 부자가 되는 건 누구나 가능합니다. 나 혼자만 일해선 부자가 될 수 없습니다. 내 자산도 함께 일을 해야 합니다.

마음 편한 배당주 투자

회사에 다니면서 주식 투자를 해봤다면 한 번쯤 화장실에서 몰래 호가창을 봤던 경험이 있을 것입니다. 내가 투자한 종목이 하루에도 몇 퍼센트씩 출렁이는데 그럴 만도 합니다. 투자한 금액이 커질수록 내가 얻을 수 있는 수익도 커지지만 스트레스도 그에 비례합니다. 100만 원의 1%는 1만 원이지만 1천만 원이면 1%만 움직여도 10만 원입니다. 보통 사람의 하루 일당 수준입니다.

투자금 규모가 클 경우 변동성이 심한 날에는 몇 달치 월급이 수시로 움직입니다. 과연 일이 손에 잡힐까요? "아침에 팔았으면

100만 원은 벌었을 텐데." "지금 떨어지고 있으면 어떻게 하지?" "좋은 타이밍을 놓치는 거 아니야?" 회의 중에도 여러 생각이 듭니다. 이런 식으로 투자하면 일에서도 성과를 못 내고, 투자에서도 수익을 보기 힘듭니다.

장기 투자할 요량으로 주식을 샀는데 일주일 만에 팔아본 경험이 있을 것입니다. 실제로 직장에서 남몰래 매수·매도 버튼을 누르고 나면 잘했다는 생각보단 실수했다는 생각이 자주 듭니다. 원칙 없이 호가창을 보면서 감정이 요동쳤기 때문입니다. 주식 앱을 계속 보고 있노라면 흔히 말하는 '호가창에 빠져드는' 경험을 합니다. 실시간으로 바뀌는 숫자를 보고 있다 보면 정신이 혼미해지고 판단력이 흐려집니다. 저는 그럴 때야말로 배당주 투자를 시작해야 할 때라고 생각합니다.

배당주 투자의 스노우볼 효과

배당주에 투자하면 마음이 편해집니다. 수시로 호가창을 안 봐도 되기 때문이죠. 매번 마음이 갈대처럼 흔들려 손실을 보고 있다면 투자에 대한 마인드를 이렇게 바꿔보는 건 어떨까요?

"나는 배당금을 받기 위해 투자했다. 올해도 내년에도 배당금을 받을 테니 당분간 팔 생각이 없다."

배당금은 현금입니다. 더군다나 내 계좌에 직접 들어오는 확정수익입니다. 실시간으로 움직이는 호가창에서 내 자산이 분 단위로 바뀌지만 내가 팔지 않으면 아무런 의미가 없는 숫자입니다. 의미 없는 숫자를 보면서 매일 스트레스를 받지 말고 계좌에 직접 들어오는 확정수익만 신경 쓰세요.

여러분이 100만 원을 배당률 5%짜리 배당주에 투자해서 1년에 5만 원을 얻는다면 큰돈은 아니겠죠. 그러나 원금이 커지면 이야기는 달라집니다. 1억 원을 배당률 5%짜리 배당주에 투자하면 1년이면 500만 원입니다. 만일 1억 원을 여러 종목에 분산 투자해서 월배당으로 세팅한다면 한 달에 60만 원 정도의 배당금이 들어오게 됩니다. 느낌이 조금 달라지지 않나요? 60만 원이면 오피스텔에 투자해서 받는 월세 수익과 비슷한 느낌입니다. 직장인이라면 승진해서 연봉이 오른 것과 마찬가지고요. 가만히 놔두면 매월 60만 원씩 현금이 꼬박꼬박 들어오는데 이걸 팔아야 할 이유가 있을까요? 팔지 않으면 호가창을 볼 이유도 없어집니다. 주가 변동에 더 이상 신경을 쓰지 않아도 되죠. 회사에서는 회사 일에 집중하고, 매달 들어오는 월급과 배당금만 관리하면 됩니다.

배당 재투자 시뮬레이션

(단위: 만 원)

1년차	1월	2월	3월	4월	5월	6월
배당금	60	62	63	65	66	68
자산	10,000	10,260	10,522	10,785	11,049	11,316
1년차	7월	8월	9월	10월	11월	12월
배당금	70	71	73	74	76	78
자산	11,584	11,853	12,124	12,397	12,671	12,947

2년차	1월	2월	3월	4월	5월	6월
배당금	79	81	83	84	86	88
자산	13,225	13,504	13,785	14,068	14,353	14,639
2년차	7월	8월	9월	10월	11월	12월
배당금	90	91	93	95	97	98
자산	14,926	15,216	15,507	15,800	16,095	16,392

3년차	1월	2월	3월	4월	5월	6월
배당금	100	102	104	106	107	109
자산	16,690	16,990	17,292	17,596	17,902	18,209
3년차	7월	8월	9월	10월	11월	12월
배당금	111	113	115	117	119	121
자산	18,518	18,829	19,142	19,457	19,774	20,093

* 종잣돈 1억 원을 배당주(배당률 7.2%)에 투자해서,
매달 월급(400만 원)의 50%(200만 원)와 배당금을 재투자한다고 가정

월급 400만 원의 직장인이 1억 원을 모아서 배당률 7.2%짜리 배당주에 투자하고, 매달 월급의 50%와 배당 수익을 재투자했다고 가정해봅시다. 3년 동안 자산과 배당금은 얼마나 늘어날까요? 주가와 배당률 변동은 없다고 가정하겠습니다. 결과를 보면 3년 만에 1억 원을 모으고, 월배당은 처음의 2배인 121만 원이 되었습니다. 어떻게 이런 계산이 나왔을까요?

매달 월급의 50%(200만 원)와 더불어 배당금을 배당주에 재투자함으로써 복리효과를 누렸기 때문입니다. 복리는 수익에 수익이 붙는 계산방법입니다. 즉 일정 기간마다 수익을 원금에 더해 그 합계금액에 대한 수익을 다시 계산하는 방법입니다. 복리는 '원금+수익'에 다시 수익을 매기는 방식이기 때문에 시간이 길면 길수록 자산이 눈덩이처럼 불어납니다. 다른 말로는 스노우볼 효과*라고 부릅니다.

여기서 잠깐!

스노우볼 효과: 눈덩이가 비탈을 구를 때 주변의 눈을 집어삼키며 점점 커지는 현상을 말한다. 주식 투자에서 초기에는 소액으로 시작하지만, 투자금액에 대한 수익을 재투자함으로써 점점 더 큰 수익을 내는 것을 스노우볼 효과라고 부른다.

만약 승진을 하거나 연봉이 오른다면, 다른 부수입이 있다면, 맞벌이를 한다면 스노우볼 효과는 훨씬 커질 수 있겠죠? 평범한 직장인도 스노우볼 효과를 잘 이용하면 3년 만에 1억 원을 모을 수 있습니다. 방법은 간단합니다. 배당주에 투자해 매달 발생하는 배당금을 다시 배당주에 재투자하면 됩니다. 시간만 있으면 누구나 스노우볼 효과를 누릴 수 있습니다.

수학과 현실은 다르다

질문을 하나 하겠습니다. A라는 종목을 100만 원에 매수하고 110만 원에 매도했습니다. 수익률은 몇 퍼센트일까요? 이 쉬운 수학문제의 답은 당연히 10%입니다. 그런데 현실에서는 결과가 조금 다릅니다. 변수가 훨씬 많기 때문입니다.

예를 들어 미국 주식에 투자하면 환율의 영향을 받습니다. 1달러에 1천 원일 때 샀는데 1달러에 1,200원으로 환율이 바뀌었다면 주가는 동일해도 20%의 환차익이 생깁니다. 여기에 투자기간, 각종 세금과 수수료, 인플레이션으로 인한 물가상승률까지 고려해야 합니다. 따라서 위 질문의 답은 '실제 수익률은 알 수 없

종목명 종목코드	평가손익(원) 평가수익률(원)	평가손익(외) 평가수익률(외)	잔고수량 매도가능수량
BANK AMER DS RP NON CM SRS QQ P RF 미국 BAC_PQ	533,059 11.51%	42.00 1.13%	200 200
CoreCivic 미국 CXW	-83,823 -8.56%	-250.50 -27.81%	50 50
에너지 트랜스퍼 미국 ET	2,757,605 94.73%	1,692.60 69.77%	260 260
킴벌리클라크 미국 KMB	772,151 33.38%	152.00 7.27%	16 16

● 주식쇼퍼의 해외 주식 수익률

다'입니다. 모든 변수를 대입해 계산해야만 '실제' 수익률을 알 수 있습니다.

증권 앱에서 해외 주식 잔고를 보면 외화 기준 수익률과 원화 기준 수익률을 확인할 수 있습니다. 제 계좌의 일부를 예시로 가져왔습니다. 가장 수익률이 높은 '에너지 트랜스퍼'라는 종목을 보면 원화 기준으로는 94.73%의 수익률이지만, 외화 기준으로는 69.77%임을 알 수 있습니다.

그럼 실제 수익률은 몇 퍼센트일까요? 이 화면만으로는 정답을 알 수 없습니다. 해당 종목에서 얼마만큼의 배당을 받았는지 모르기 때문입니다. 당시 30개월 이상 보유하면서 누적 배당금으로 408달러를 받았고, 배당을 포함하면 외화 기준 수익률은 83.5%로 올라가게 됩니다. 제가 투자한 종목을 보면 플러스(+)인 것도 있고 마이너스(-)인 것도 있습니다. 저는 주가가 올랐거나 떨어졌다고 해서 일희일비하지 않습니다. 주가가 떨어져도 배당을 꾸준히 받으면서 그 하락을 만회하면 그만입니다.

이제 왜 배당주에 투자해야 하는지 확실히 아시겠죠? 주식 투자의 실제 수익률은 여러 가지 요소를 종합적으로 고려해야 합니다. 특히 배당주 투자는 주가 변동에 덜 민감해 장기 투자에 적합합니다. 안정적인 현금흐름을 보장하므로 스트레스 없는 장기 투자가 가능합니다.

앞으로 30년 남았습니다

제가 일본과 한국 회사에서 경험한 신입사원 연령대는 극과 극이었습니다. 일본 회사에서는 신입사원의 연령이 평균 만23세였습니다. 일본의 학사 졸업생은 휴학이나 군복무 없이 일률적으로 23세에 사회생활을 시작하는 것이 보통이거든요. 심지어 석박사 졸업생을 포함해도 300명의 신입사원 가운데 27세인 제가 최고령이었습니다. 어느 날은 기숙사에서 동기가 "김군, 혹시 한국에서 범죄 저질렀어? 나이가 너무 많은데 도망쳐서 일본에 온 거 아니야?" 하고 진지하게 묻기도 했습니다. 처음에는 농담이라 생각했는데 진지한 질문이었다는 걸 알고 나니 이 친구도 참 좁은 세상에서 사는 것 같더군요.

반면 그로부터 1년 뒤 입사한 한국 회사에서는 제가 최연소였습니다. 최고령 동기는 38세로 자녀가 셋이나 있었죠. 30대 초반의 신입사원은 젊은 축에 속했으니, 이른바 '중고신입'의 천국이었습니다. 35세에 입사한 한 동기는 이렇게 말했습니다. "승진에서 한 번도 누락되지 않으면 50세에 과장이 되겠네. 환갑 전에 팀장을 달 수 있을까?"

왜 이런 이야기를 하냐고요? 한국 신입사원의 평균 연령이 30세가 넘었기 때문입니다. 우리는 길어야 30년 동안 일할 수 있고, 100세 시대이니 60세부터 100세까지 남은 40년은 30년 동안 모은 돈으로 살아가야 합니다. 직장생활을 하는 30년 동안은 어떻게든 생계를 유지할 수 있습니다. 그러나 퇴직 이후에는 어떻게 해야 할까요? 국민연금만으로는 부족하고, 고령자를 채용하는 회사도 거의 없습니다.

결국 미리 모아둔 돈으로 연금을 받아서 생활하는 수밖에 없습니다. 하지만 개인연금에만 의존하는 것은 현명하지 않습니다. 보험사 수수료를 제하면 물가상승률에도 못 미치는 것이 태반입니다. 보험사는 과연 직원들의 높은 연봉과 서울에 커다란 본사를 세우고 유지할 돈이 다 어디서 났을까요? 여러분이 30년간 넣어

둔 연금보험에서 나오지 않을까요?

주식 투자가 위험하다고 생각하는 분의 이야기를 들어보면 대부분 금융위기를 언급합니다. 1987년 블랙먼데이, 1997년 IMF 외환위기, 2001년 닷컴버블 붕괴, 2008년 글로벌 금융위기, 2020년 코로나19 위기까지 세상은 주기적으로 예상치 못한 위기를 맞았고 주식 시장은 폭락했습니다. 60세 은퇴 시점에 보유 주식의 가치가 반토막이 나는 상황은 상상만 해도 끔찍합니다. 그래서 저는 안정적인 배당주 투자의 중요성을 다시 한번 강조하고 싶습니다. 주가 변동과 상관없이 꾸준히 수익을 제공하므로 노후 대비에 적합한 투자 방식입니다.

50년 넘게 꾸준한 배당킹

여러분이 다니는 회사는 언제 설립되었나요? 대한민국 대표 기업의 역사를 살펴보면 삼성전자는 1969년 1월, 현대자동차는 1967년, LG전자(금성사)는 1958년에 설립되었습니다. 이들 대기업의 역사는 이제 약 50~60년 정도입니다. 수많은 위기가 있었지만 살아남았습니다. 1997년 IMF 외환위기 때 많은 기업이 무너졌지만 이겨냈고, 2008년 글로벌 금융위기도 굳건히 견뎌냈습니다. 지금까지 존속하고 있는 기업은 앞으로도 상당 기간 지위를 유지할 가능성이 높습니다. 물론 미래를 정확히 예측할 수는 없지만 기업의 생존력과 적응력을 고려하면 앞으로 수십 년은 끄떡없지 않을까요?

금융위기가 닥치면 주가가 80% 이상 폭락하거나, 배당을 삭감하거나, 인수합병되는 기업이 많습니다. 그러나 자본주의의 선두주자인 미국에는 50년 넘게 배당금을 꾸준히 인상하면서 사업을 영위한 기업이 여럿 있습니다. 온갖 위기를 겪으면서도 배당금을 삭감하기는커녕 50년간 꾸준히 늘린 기업이 무려 53개나 있습니다. 이런 기업을 '배당킹(Dividend King)'이라고 부릅니다.

미국 배당킹 리스트

티커	한글명	영문명	섹터	주가(달러)	배당률(%)	연속 배당(년)
ABBV	애브비	Abbvie Inc	헬스케어	168.05	3.7	52
ABM	ABM 인더스트리즈	ABM Industries Inc.	산업재	48.97	1.8	56
ABT	애보트 래보라토리	Abbott Laboratories	헬스케어	101.64	2.2	52
ADM	아처 대니얼스 미들랜드	Archer Daniels Midland Co.	필수소비재	63.13	3.2	51

AWR	아메리칸 스테이츠 워터	American States Water Co.	유틸리티	72.88	2.4	69
BDX	벡톤 디킨슨 앤 코	Becton Dickinson & Co.	헬스케어	221.47	1.7	52
BKH	블랙 힐스	Black Hills Corporation	유틸리티	53.74	4.8	54
CBSH	커머스 뱅크셰어스	Commerce Bancshares, Inc.	금융	56.30	1.9	54
CDUAF	캐네디언 유틸리티스	Canadian Utilities Ltd.	유틸리티	21.86	6.0	52
CINF	신시내티 파이낸셜	Cincinnati Financial Corp.	금융	116.93	2.8	64
CL	콜게이트-팜올리브	Colgate-Palmolive Co.	필수소비재	97.04	2.1	63
CWT	캘리포니아 워터 서비스 그룹	California Water Service Group	유틸리티	48.61	2.3	56
DOV	도버	Dover Corp.	산업재	175.13	1.2	68
ED	콘솔리데이티드 에디슨	Consolidated Edison, Inc.	유틸리티	88.85	3.7	50
EMR	에머슨 일렉트릭	Emerson Electric Co.	산업재	109.59	1.9	67
FMCB	파머스 & 머천츠 뱅코프	Farmers & Merchants Bancorp	금융	970.36	1.8	58

FRT	페더럴 리얼티 인베스트먼트 트러스트	Federal Realty Investment Trust.	부동산	100.59	4.3	56
FTS	포르티스	Fortis Inc.	유틸리티	39.25	4.5	50
FUL	풀러 H B	H.B. Fuller Company	소재	76.70	1.2	55
GPC	제뉴인 파츠	Genuine Parts Co.	임의소비재	131.04	3.1	68
GRC	고먼-러프	Gorman-Rupp Co.	산업재	36.80	2.0	51
GWW	W W 그레인저	W.W. Grainger Inc.	산업재	908.57	0.9	52
HRL	호멜 푸즈	Hormel Foods Corp.	필수소비재	30.04	3.8	58
ITW	일리노이 툴 웍스	Illinois Tool Works Inc.	산업재	234.06	2.4	60
JNJ	존슨앤존슨	Johnson & Johnson	헬스케어	147.05	3.4	62
KMB	킴벌리 클라크	Kimberly-Clark Corp.	필수소비재	139.43	3.5	52
KO	코카콜라	Coca-Cola Co	필수소비재	62.69	3.1	62
KVUE	켄뷰	Kenvue Inc	헬스케어	18.22	4.4	61
LANC	랭커스터 콜로니	Lancaster Colony Corp.	필수소비재	183.01	2.0	61
LOW	로우스 컴퍼니	Lowe`s Cos., Inc.	임의소비재	216.33	2.1	61
MO	알트리아그룹	Altria Group Inc.	필수소비재	46.70	8.4	54

MSA	MSA 세이프티	MSA Safety Inc	산업재	185.87	1.1	54
MSEX	미들섹스 워터	Middlesex Water Co.	유틸리티	53.73	2.4	51
NDSN	노드슨	Nordson Corp.	산업재	225.00	1.2	60
NFG	내셔널 퓨얼 가스	National Fuel Gas Co.	에너지	54.14	3.8	54
NUE	뉴코	Nucor Corp.	소재	150.25	1.4	51
NWN	노스웨스트 내추럴 홀딩	Northwest Natural Holding Co	유틸리티	35.48	5.5	68
PEP	펩시코	PepsiCo Inc	필수소비재	161.90	3.3	52
PG	프록터 & 갬블	Procter & Gamble Co.	필수소비재	165.66	2.4	68
PPG	PPG 인더스트리스	PPG Industries, Inc.	소재	125.26	2.1	52
PH	파커 하니핀	Parker-Hannifin Corp.	산업재	508.68	1.3	68
RPM	RPM 인터내셔널	RPM International, Inc.	소재	103.91	1.8	50
SCL	스테판	Stepan Co.	소재	82.18	1.8	56
SJW	SJW 그룹	SJW Group	유틸리티	54.09	3.0	56
SPGI	S&P 글로벌	S&P Global Inc	금융	460.30	0.8	51
SWK	스탠리 블랙 & 데커	Stanley Black & Decker Inc	산업재	80.85	4.0	56

TGT	타겟	Target Corp	필수소비재	147.60	3.0	53
TNC	테넌트	Tennant Co.	산업재	96.95	1.2	53
TR	투시롤 인더스트리즈	Tootsie Roll Industries, Inc.	필수소비재	29.12	1.2	58
SYY	시스코	Sysco Corp.	필수소비재	69.16	2.9	53
UBSI	유나이티드 뱅크셰어스	United Bankshares, Inc.	금융	32.02	4.6	50
UVV	유니버셜	Universal Corp.	필수소비재	46.58	7.0	54
WMT	월마트	Walmart Inc	필수소비재	69.90	1.2	51

*2024년 6월 말 기준

처음 보는 기업도 있겠지만 코카콜라, 존슨앤존슨, 펩시코와 같은 익숙한 기업도 보입니다. 미국에는 4천 개가 넘는 상장기업이 있지만 이 중 단 50여 개 기업만이 배당킹이라는 명예로운 타이틀을 보유하고 있습니다. RMB캐피탈의 보고서에 따르면 배당킹 종목들은 1972년부터 2020년까지 9.62%의 연평균 수익률을 기록했습니다. 이들의 공통점은 강력한 브랜드 파워에서 나오는 안정적인 재무입니다.

저는 아무리 생각해봐도 이러한 기업들이 앞으로 30년 안에 망할 가능성은 거의 없다고 봅니다. 내가 다니는 회사는 10년 뒤에 망할지 모르지만 그럼에도 코카콜라는 마시고 있을 테니까요.

2024년 상반기 기준 미국 배당킹 53개 기업의 평균 배당률은 2.8%입니다. 최소 2.8%의 수익은 보장된다는 의미입니다. 더욱이 꾸준히 배당금을 인상하고 있으니 30년 후 은퇴 시점에는 매수가 대비 최소 10% 이상의 배당수익률을 기대할 수 있습니다.

만약 여러분이 1억 원이 있다면 30년 뒤 1천만 원의 현금을 꼬박꼬박 지급해주는 배당킹을 사겠습니까, 아니면 고작 200만~300만 원 돌려주는 연금저축보험에 가입하겠습니까?

25년을 버틴 배당귀족주

배당킹 외에도 주목할 만한 투자 대상으로 '배당귀족주(Dividend Aristocrats)'가 있습니다. S&P500에 포함된 기업 중 25년 이상 연속으로 배당금을 증가시킨 기업을 일컫는 말입니다. 1990년대 말 닷컴버블부터 지금까지 각종 위기를 견뎌낸 기업들입니다.

배당킹과 중복되는 기업은 색을 넣었습니다. S&P500에 포함되어야 한다는 조건이 있기 때문에 의외로 배당킹에는 있지만 배당귀족주에는 포함되지 않은 기업도 있습니다. 배당킹에는 시가총액이 작은 기업도 여럿 있으니, 만약 25년 정도로도 충분하다면 배당귀족주에 투자하는 것도 한 방법입니다. 참고로 한국인이 가장 사랑하는 미국 월배당주 '리얼티 인컴'도 여기에 포함되어 있습니다.

미국 배당귀족주 리스트

티커	한글명	영문명	섹터	주가(달러)	배당률(%)	연속 배당(년)
ABBV	애브비	Abbvie Inc	헬스케어	168.05	3.7	52
ABT	애보트 래보라토리	Abbott Laboratories	헬스케어	101.64	2.2	52
ADM	아처 대니얼스 미들랜드	Archer Daniels Midland Co.	필수소비재	63.13	3.2	51
ADP	오토매틱 데이터 프로세싱	Automatic Data Processing Inc.	산업재	234.71	2.4	49
AFL	애플랙	Aflac Inc.	금융	88.93	2.2	42
ALB	앨버말	Albemarle Corp.	소재	90.47	1.8	28
AOS	A O 스미스	A. O. Smith Corp.	산업재	80.73	1.6	30
APD	에어 프로덕츠 앤 케미컬스	Air Products and Chemicals Inc.	소재	254.70	2.8	42
ATO	애트모스 에너지	Atmos Energy Corp.	유틸리티	114.77	2.8	40

BDX	벡톤 디킨슨 앤 코	Becton Dickinson & Co.	헬스케어	221.47	1.7	52
BEN	프랭클린 리소시스	Franklin Resources, Inc.	금융	22.06	5.6	44
BF.B	브라운-포맨 Class B	Brown-Forman Corp.	필수소비재	41.50	2.1	40
BRO	브라운 & 브라운	Brown & Brown, Inc.	금융	90.08	0.6	30
CAH	카디널 헬스	Cardinal Health, Inc.	헬스케어	96.01	2.1	37
CAT	캐터필러	Caterpillar Inc.	산업재	326.06	1.6	30
CB	처브	Chubb Limited	금융	253.34	1.4	31
CHD	처치 & 드와이트	Church & Dwight Co., Inc.	필수소비재	104.61	1.1	28
CHRW	CH 로빈슨 월드와이드	C.H. Robinson Worldwide, Inc.	산업재	86.55	2.8	25
CINF	신시내티 파이낸셜	Cincinnati Financial Corp.	금융	116.93	2.8	64
CL	콜게이트-팜올리브	Colgate-Palmolive Co.	필수소비재	97.04	2.1	63
CLX	크로락스	Clorox Co.	필수소비재	131.85	3.6	46
CTAS	신타스	Cintas Corporation	산업재	711.30	0.8	41

CVX	셰브론	Chevron Corp.	에너지	152.98	4.3	37
DOV	도버	Dover Corp.	산업재	175.13	1.2	68
ECL	에코랩	Ecolab, Inc.	소재	242.25	0.9	32
ED	콘솔리데이티드 에디슨	Consolidated Edison, Inc.	유틸리티	88.85	3.7	50
EMR	에머슨 일렉트릭	Emerson Electric Co.	산업재	109.59	1.9	67
ESS	에섹스 프로퍼티 트러스트	Essex Property Trust, Inc.	부동산	275.97	3.6	30
EXPD	익스페디터스 인터내셔널 오브 워싱턴	Expeditors International Of Washington, Inc.	산업재	118.65	1.2	29
FAST	패스널	Fastenal Co.	산업재	62.56	2.5	25
FRT	페더럴 리얼티 인베스트먼트 트러스트	Federal Realty Investment Trust.	부동산	100.59	4.3	56
GD	제너럴 다이내믹스	General Dynamics Corp.	산업재	279.51	2.0	33
GPC	제뉴인 파츠	Genuine Parts Co.	임의소비재	131.04	3.1	68
GWW	W W 그레인저	W.W. Grainger Inc.	산업재	908.57	0.9	52
HRL	호멜 푸즈	Hormel Foods Corp.	필수소비재	30.04	3.8	58

IBM	IBM	International Business Machines Corp.	정보기술	176.48	3.8	30
ITW	일리노이 툴 웍스	Illinois Tool Works Inc.	산업재	234.06	2.4	60
JNJ	존슨앤존슨	Johnson & Johnson	헬스케어	147.05	3.4	62
KMB	킴벌리 클라크	Kimberly-Clark Corp.	필수소비재	139.43	3.5	52
KO	코카콜라	Coca-Cola Co	필수소비재	62.69	3.1	62
KVUE	켄뷰	Kenvue Inc	헬스케어	18.22	4.4	61
LIN	린드	Linde Plc.	소재	431.20	1.3	31
LOW	로우스 컴퍼니	Lowe`s Cos., Inc.	임의소비재	216.33	2.1	61
MCD	맥도날드	McDonald`s Corp	임의소비재	245.82	2.7	47
MDT	메드트로닉	Medtronic Plc	헬스케어	76.88	3.6	47
MKC	맥코믹 앤 컴퍼니	McCormick & Co., Inc.	필수소비재	70.07	2.4	38
NDSN	노드슨	Nordson Corp.	산업재	225.00	1.2	60
NEE	넥스트에라 에너지	NextEra Energy Inc	유틸리티	72.12	2.9	29
NUE	뉴코	Nucor Corp.	소재	150.25	1.4	51
O	리얼티 인컴	Realty Income Corp.	부동산	52.76	6.0	27

PEP	펩시코	PepsiCo Inc	필수소비재	161.90	3.3	52
PG	프록터 & 갬블	Procter & Gamble Co.	필수소비재	165.66	2.4	68
PNR	펜테어	Pentair Plc	산업재	75.01	1.2	48
PPG	PPG 인더스트리스	PPG Industries, Inc.	소재	125.26	2.1	52
ROP	로퍼 테크놀로지스	Roper Technologies Inc	산업재	550.47	0.5	31
SHW	셔윈-윌리엄즈	Sherwin-Williams Co.	소재	298.91	1.0	46
SJM	J.M.스머커	J.M. Smucker Co.	필수소비재	109.37	3.9	27
SPGI	S&P 글로벌	S&P Global Inc	금융	460.30	0.8	51
SWK	스탠리 블랙 & 데커	Stanley Black & Decker Inc	산업재	80.85	4.0	56
SYY	시스코	Sysco Corp.	필수소비재	69.16	2.9	53
TGT	타겟	Target Corp	필수소비재	147.60	3.0	53
TROW	티 로웨 프라이스 그룹	T. Rowe Price Group Inc.	금융	114.47	4.3	38
WMT	월마트	Walmart Inc	필수소비재	69.90	1.2	51
WST	웨스트 파마슈티컬 서비시즈	West Pharmaceutical Services, Inc.	헬스케어	318.63	0.3	31
XOM	엑손모빌	Exxon Mobil Corp.	에너지	110.94	3.4	41

* 2024년 6월 말 기준, 배당킹과 중복되는 종목은 바탕색

배당킹, 배당귀족주 리스트는 매년 2~3개 종목씩 변동되곤 합니다. 새롭게 추가되는 종목도 있지만 50년 만에 배당금을 삭감해 제외되는 기업도 존재합니다. 만약 여러분이 배당킹에 투자하고 싶다면 1~2개 종목만 선정하지 말고, 가급적 배당킹을 포트폴리오에 담은 ETF를 활용하거나 최소 10개 이상의 종목을 매수하기 바랍니다.

물론 단점도 존재합니다. 배당킹, 배당귀족주의 섹터를 보면 IT가 없습니다. 우리 일상에 컴퓨터가 들어온 지 50년이 안 되었으니 당연히 배당킹에는 IT기업이 없습니다(배당귀족주에는 일부 존재합니다). 리스트를 보면 오래 버텼다는 장점은 있지만 앞으로 크게 성장할 가능성이 낮은 것은 사실입니다. 어디까지나 여러분이 은퇴하고 30~40년 마음 편하게 투자하고 싶다면, 연금처럼 꾸준히 배당금을 받고 싶다면 배당킹과 배당귀족주에 주목해야 할 것입니다.

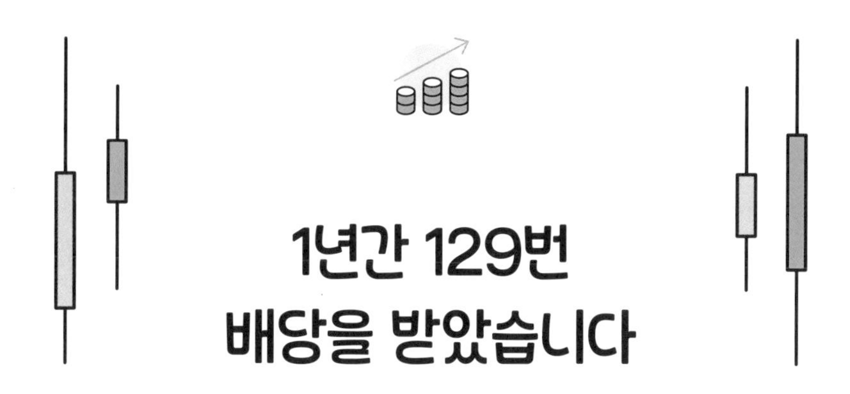

1년간 129번 배당을 받았습니다

저는 2023년 세후 총 2,680만 원의 배당금을 받았습니다(국내 주식 2,375만 원, 해외 주식 2,189달러). 누군가에게는 별것 아니겠지만 평범한 월급쟁이 입장에서는 꽤나 만족스러운 투자 성과입니다. 그런데 저는 금액보다는 횟수를 더 자랑하고 싶습니다. 1년간 배당금이 들어왔다는 알람만 129번 받았기 때문입니다. 1년은 365일이니 3일에 한 번씩 돈이 들어왔다는 뜻입니다. 투자하는 종목 수를 줄이면 관리야 편하겠지만 배당금이 들어오는 재미를 위해 안 팔고 보유하고 있는 종목도 여럿 있습니다.

회사를 다니면 1년에 월급이 12번 들어옵니다. 거기에 상여금, 성과급 등으로 보통 2~3번 정도 추가로 지갑이 두둑해집니다. 그런데 1년 중 고작 12~15일이면 너무 적은 기간입니다. 30일 일하고 하루 월급이 들어오면 나머지 29일이 참 힘들고 재미가 없습니다.

흔히 월급을 '마약' 같다고 합니다. 매일 참고 버티면 한 달 중 하루는 굉장히 기분 좋은 순간이 오기 때문이죠. 그런데 저는 3일에 한 번꼴로 배당금을 받았습니다. 마약 같은 배당금에 중독된 지 한참인데 앞으로도 이걸 굳이 끊어야 할 이유가 없겠죠.

저는 이렇게 3일에 한 번꼴로 돈이 들어오다 보니 시간이 정말 금방 갑니다. '오늘은 또 어떤 종목에서 얼마가 들어올까?' 하는 생각에 기분이 좋고, 회사에서 스트레스 받고 지치는 일이 있어도 배당금 입금 문자를 받으면 기분이 좋아집니다.

재밌게 모으는 제2의 월급

투자는 결국 사람이 하는 것입니다. 우리는 기계가 아니기 때문에 수학공식처럼 투자하면 언젠가는 지치게 됩니다. 장기 투자를 위해서는 이렇게 배당금이 들어오는 '재미'가 필요할 수 있습니다. 꾸준히 배당금이 잘 들어오는데 굳이 보유하고 있던 종목을 팔아야 할 이유가 있을까요? 현금이 꼬박꼬박 들어오는 거위의 배를 가를 필요는 없겠죠. 갈아타고 싶은 정말 더 좋은 종목이 있거나, 주가가 너무 올라서 주가 대비 배당률이 낮다면 그때 가서 팔아도 됩니다.

제 유튜브 영상을 본 분이라면 제가 자주 언급하는 '배당 가계부'에 대해 알 것입니다. 재테크에 조금이라도 관심이 있다면 가계부를 쓰고 있을 텐데요. 가계부를 쓰면 매월 들어오는 수입과 지출을 꼼꼼히 확인할 수 있습니다. 어떤 항목에서 얼마를 썼고, 앞으로 어떻게 더 아껴야겠다는 실천적인 고민이 가능한데요. 결혼 전 지금의 아내에게 저는 "결혼 할 때 내가 바라는 유일한 조건이 있다. 그건 바로 부부 공동 가계부를 쓰는 것이다"라고 말한 바 있습니다. 이런 말을 하니 참 어이없어 했는데 결과적으로 결혼을 했고, 가계부도 쓰고 있습니다(물론 아내는 종종 까먹고 누락하곤 합니다).

가계부를 쓴다고 해서 직접적으로 들어오는 수입이 늘어나지는 않습니다. 그럼에도 가계부를 쓰는 이유는 어떤 항목에서 지출을 많이 나오고 있는지, 수입이 어떻게 늘어나는지 변화를 지켜볼 수 있기 때문입니다. 여러분은 월에 몇 번 수익이 생기나요?

평범한 직장인이라면 한 달에 한 번 월급을 받고, 1년에 성과급이나 수당 등이 가끔 들어옵니다. 꼼꼼히 재테크를 하면 연말정산 때 13번째 보너스를 받기도 합니다. 여기서 한 단계 더 나아가 짠테크를 하면 수시로 부수입이 생깁니다. 당근마켓에 물건도 팔고, 설문조사도 하고, 각종 이벤트에 참여하면서 기프티콘을 모읍니다. 요즘에는 관련 앱으로 간편히 기프티콘을 팔 수 있으니 부지런히 손품만 팔면 짭짤한 부수입이 생깁니다. 수입은 크지 않지만 짠테크를 지속하는 이유는 가계부에 성과를 기록함으로써 뿌듯함을 얻고 동기부여가 되기 때문입니다.

그렇다면 배당금도 가계부 형식으로 기록을 남기면 어떨까요? 매달 들어오는 수입(배당금)을 기록하고, 현재 자산(주식)을 시각적으로 확인한다면 끈기 있게 배당 재투자를 이어나갈 수 있겠죠. 하루하루 자산이 늘어나는 걸 지켜보면서 주식 투자에 재미를 붙이는 것입니다. 돈이 들어올 때마다 수입을 기록하고 매매한 내역을 확인하면 재미가 쏠쏠합니다. 1년에 129번이나 배당금을 받게 되니 정말로 끊을 수 없는 마약이 되었습니다. 투자한 지 6년차가 되었더니 벌써 500번을 넘게 기록했습니다. 기록한 액수는 적을 때는 몇천 원, 많을 때는 100만 원이 넘습니다. 최소 1만 원만 되더라도 배당금으로 하루 밥값을 충당할 수 있습니다. '티끌 모아 태산'의 초입까지 왔습니다.

2	날짜	종목	배당금	종목명	통화	환율	원화환산
502	24.06.18	WFC-C	44.15	Wells Fargo 1000 Depositary Share	USD	1379.6	60,910
503	24.06.25	VXUS	13.57	Vanguard Total International Stock	USD	1391.8	18,887
504	24.06.28	MAIN	12.75	Main Street Capital Corp	USD	1381.3	17,611
505	24.06.28	KHC	17.00	Kraft Heinz Co	USD	1381.3	23,482
506	24.07.02	KMB	16.59	Kimberly-Clark Corp	USD	1384.4	22,967
507	24.07.05	신영증권	304,100.00	신영증권	KRW	-	304,100
508	24.07.15	MS-L	4.67	Morgan Stanley 1000 Depositary Sl	USD	1385.1	6,468
509	24.07.15	O	22.35	Realty Income Corp	USD	1385.1	30,956
510	24.07.16	MS-O	18.06	Morgan Stanley Each DS Repstg 1	USD	1383.5	24,985
511	24.07.17	MAIN	10.41	Main Street Capital Corp	USD	1379.8	14,363
512	24.08.01	VZ	67.83	Verizon Communications Inc.	USD	1370.2	92,939
513	24.08.02	BAC-P	43.83	Bank of America 1000 DS Represen	USD	1358.2	59,528
514	24.08.05	BAC-O	46.48	Bank of America Depositary shares	USD	1368.4	63,603

● 세후 배당금 입금내역을 기록한 배당부 가계부

2019년부터 배당주 위주의 투자를 시작해 6년차가 되는 2024년까지 무려 총 7천만 원의 배당금을 받았습니다. 이 정도면 대기업 직장인 연봉만큼은 됩니다. 하루아침에 큰돈을 넣어서 만든 게 아니라 월급을 받을 때마다 조금씩 주식을 쇼핑하고, 배당금이 들어올 때마다 재투자하면서 자산을 불려갔습니다.

여전히 배당주 투자가 별것 아닌 것 같은가요? 평범한 직장인이 5년 동안 배당금을 받아 대기업 직장인 연봉만큼을 모았습니다. 주가가 한 푼도 안 올라도 돈을 벌 수 있다는 뜻을 이제 아시

주식쇼퍼의 월별 배당금 기록

(단위: 원)

연도	1월	2월	3월	4월	5월	6월
2020년	55,581	9,762	925,960	2,024,818	35,245	30,369
	7월	8월	9월	10월	11월	12월
	166,123	95,562	29,611	9,420	60,665	27,675
	합계: 3,470,791					
2021년	1월	2월	3월	4월	5월	6월
	16,530	70,865	274,600	2,642,091	189,700	42,968
	7월	8월	9월	10월	11월	12월
	293,435	4,405,380	44,953	62,358	357,481	65,023
	합계: 8,465,384					
2022년	1월	2월	3월	4월	5월	6월
	69,609	358,104	87,043	7,345,842	585,354	158,618
	7월	8월	9월	10월	11월	12월
	348,901	3,639,964	88,229	211,417	459,941	138,465
	합계: 13,491,487					
2023년	1월	2월	3월	4월	5월	6월
	75,315	416,890	255,704	13,701,288	3,345,662	105,993
	7월	8월	9월	10월	11월	12월
	415,648	3,958,422	114,781	426,821	3,884,380	103,973
	합계: 26,804,877					
2024년	1월	2월	3월	4월	5월	6월
	180,241	492,542	281,189	11,743,760	3,982,353	244,569
	7월	8월	9월	10월	11월	12월
	403,839	3,902,039	326,765	-	-	-
	합계: 21,555,302					

겠죠? 이렇게 5년을 일하면 남들보다 1년 더 일한 게 됩니다. 이런 속도라면 은퇴 시점에는 매달 남들 월급 이상을 벌게 됩니다. 저는 지금부터 모든 수입을 생활비로 써버리더라도 배당금, 국민연금, 개인연금을 합해 월 500만 원 이상의 수입이 발생할 것으로 예상됩니다. 이른 나이에 은퇴 준비를 끝냈다고 할 수 있죠. 주식으로 2~3배 큰 수익이 나지 않더라도, 매년 사고팔지 않더라도 자산이 쌓여갑니다.

2024년 하반기 기준, 저는 매달 평균 200만 원이 넘는 배당금을 받고 있습니다. 스노우볼 효과를 기억해보세요. 배당금이 눈덩이처럼 불어나는 경험은 정말로 즐겁습니다. 주식 투자가 스트레스가 아닌 즐겁게 노후를 대비하는 게임이 될 수 있습니다.

핵심요약

- 50세에 퇴직하면 15년 정도의 공백이 생깁니다. 15년이라는 긴 시간 동안 어떻게 먹고살아야 할까요? 저는 그 해답이 배당주 투자에 있다고 생각합니다.
- N잡과 절약은 일시적인 대안일 뿐입니다. 종잣돈을 모으고 회사생활과 투자를 병행하고 싶다면 장기적으로 지속 가능한 투자 방법, 즉 배당주 투자를 시작해야 합니다.
- 실시간으로 움직이는 호가창에서 내 자산이 분 단위로 바뀌지만 내가 팔지 않으면 아무런 의미가 없는 숫자입니다. 의미 없는 숫자를 보면서 매일 스트레스를 받지 말고 계좌에 직접 들어오는 확정수익만 신경 쓰세요.

- 배당주 투자는 주가 변동에 덜 민감해 장기 투자에 적합합니다. 안정적인 현금흐름을 보장하므로 스트레스 없는 장기 투자가 가능합니다.
- 배당킹에 투자하고 싶다면 1~2개 종목만 선정하지 말고, 가급적 배당킹을 포트폴리오에 담은 ETF를 활용하거나 최소 10개 이상의 종목을 매수하기 바랍니다.
- 스노우볼 효과를 기억해보세요. 배당금이 눈덩이처럼 불어나는 경험은 정말로 즐겁습니다. 주식 투자가 스트레스가 아닌 즐겁게 노후를 대비하는 게임이 될 수 있습니다

주식 시장의 전문가인 펀드매니저는 꾸준히 성과를 내야 합니다. 매년, 매분기 일정한 수익을 내야 한다는 압박감을 받으면서 포트폴리오를 재조정합니다. 단기 악재에 따라 주가가 떨어지면 어쩔 수 없이 포트폴리오를 수정하면서 일시적으로 수익을 높이기도 합니다. 그런데 일반 개인 투자자는 누구의 압박도 받지 않습니다. '장기 투자'는 개미가 전문가보다 유일하게 잘할 수 있는 것입니다. 주식을 사서 그다음 날 떨어지면 무릎에 산 줄 알았는데 어깨였다며 후회할 것입니다. 그러나 시간이 지나면 지날수록 어깨라고 아쉬워 한 그 지점은 무릎 아래 어딘가가 됩니다.

PART 2

배당주 투자에 골든타임은 없다

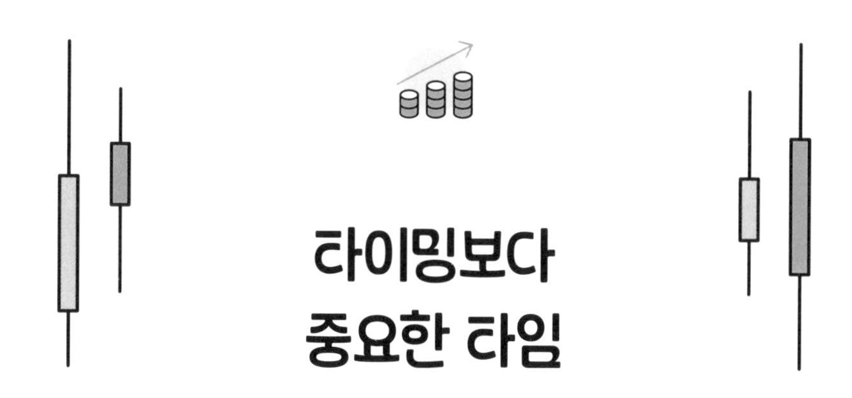

타이밍보다 중요한 타임

"언제 사야 하나요?" "지금 들어가도 될까요?" "언제 팔까요?" 주식 투자를 하다 보면 공통적으로 나오는 질문입니다. 어릴 때부터 주입식 교육에 익숙해진 우리는 남이 결정해주기를 바랍니다. 수학문제에 정답이 있는 것처럼 주식에도 정답이 있다고 생각하는 걸까요? 그런데 이러한 질문은 완전히 틀린 질문입니다. 전제 자체가 잘못되었습니다.

"내가 주식을 사면 꼭 떨어지더라고."

이런 말 많이 들어봤죠? 완벽히 최저점에 매수해서 꼭대기에서 팔고 싶지만 그건 불가능합니다. 주가는 매일 수십 번씩 바뀝니다. 1년 중 언제가 최저점일지 맞히는 건 로또 1등처럼 어려운 일입니다. 전문가들은 무릎에 사서 어깨에 팔라고 말하지만, 언제가 무릎이고 어깨일지는 시간이 지나야 알 수 있습니다. 지금 주식을 사려고 하는 시점에서는 절대로 알 수 없습니다.

그러므로 우리는 타이밍이 아니라 타임에 투자해야 합니다. 기다리는 자만이 복리효과를 누리며 수익을 맛볼 수 있습니다.

장기 투자에서 답을 찾다

왜 우리는 최적의 타이밍을 찾는 게 아니라 장기 투자를 해야 할까요? 정리해보면 다음과 같습니다.

1. 복리효과로 인한 스노우볼은 장기 투자에서 극대화된다.
2. 장기 투자는 변동성을 분산시켜 안정적인 수익을 기대할 수 있다.
3. 꾸준한 투자 마인드를 유지할 수 있다.
4. 기업의 주가는 시간이 지날수록 성과에 비례한다.

하나씩 알아보겠습니다.

1. 복리효과

복리효과에 대해서는 반복해서 이야기해도 지겹지 않습니다. 시간이 지남에 따라 투자 수익과 원금이 합쳐져 더 큰 수익을 창출합니다. 투자 기간이 길수록 복리효과는 더욱 커집니다.

2. 변동성 분산

단기적으로 주식 시장은 변동성이 매우 큽니다. 뉴스를 보고 있으면 매일 악재가 쏟아지고, 내가 투자한 기업이 금방 망할 것만 같습니다. 그러나 장기 투자자라면 이런 단기적인 악재의 영향에서 벗어날 수 있습니다.

3. 꾸준한 투자 마인드 유지

단기 투자는 시장의 변동성에 따라 감정적으로 반응하기 쉽습니다. 오래 보유할 생각으로 투자했는데 갑자기 변심해서 매도 버튼을 누른 적이 있나요? 열심히 머리를 써서 투자계획을 세워보지만 항상 변심해서 매수·매도 버튼을 누른다면 더더욱 배당주 투자에 집중해야 합니다.

4. 기업의 성장은 성과에 비례

우량한 기업이라면 시간이 지남에 따라 성장하고 발전하기 마련입니다. 장기 투자를 통해 이러한 기업의 성장을 고스란히 내 것으로 만들 수 있습니다. 우량주일수록 기업의 실적과 주가는 비례할 것입니다.

장기 투자는 복리효과, 변동성 분산, 투자 마인드 유지, 기업 가치 상승 등 여러 이점이 있습니다. "언제 사야 하나요?"라는 궁금증을 해소하고 싶나요? '지금 당장'이라고 답변할게요. 우량한 기업을 사서 장기간 보유하세요. 만약에 일시적인 조정 기간이 온다면 그때 또 사면 됩니다. 시황과 변수에 휘둘리는 단기 투자보다는 안정적이고 확실한 장기 투자를 추구해야 합니다.

개미는 시간에 강하다

주식 투자의 세계에는 3대 세력이 있습니다. 개인, 기관, 외국인이죠. 기관과 외국인은 보통 비슷하게 주식을 사고, 개인은 정반대로 움직입니다. 당연히 수익률도 외국인, 기관, 개인 순인데 언제나 그렇듯이 개인 투자자(개미)는 수익률이 높지 않습니다. 그도 그럴 것이 기관보다 정보에서 밀리고, 외국인보다 자금에서 밀립니다. 주식 시장은 모두에게 공평하게 열려 있는 것 같지만 현실은 그렇지 않습니다. 그렇다면 이런 무한 경쟁의 정글 속에서 개미는 어떻게 살아남아야 할까요?

주식 시장의 전문가인 펀드매니저는 꾸준히 성과를 내야 합니다. 매년, 매분기 일정한 수익을 내야 한다는 압박감을 받으면서 포트폴리오를 재조정합니다. 단기 악재에 따라 주가가 떨어지면 어쩔 수 없이 포트폴리오를 수정하면서 일시적으로 수익을 높이기도 합니다.

그런데 일반 개인 투자자는 누구의 압박도 받지 않습니다. 물론 '배우자의 잔소리' 정도는 들을 수 있겠지만 한 번 산 주식을 팔아야 할 이유가 없습니다. 특히 10년 이상 꾸준한 장기 투자는 개인만 할 수 있는 영역입니다. 그래서 이런 정글에서 살아남기 위해서는 장기 투자로 버티는 방법밖에 없습니다. 버티기 위한 원동력으로 배당금이 한몫을 하겠죠. 주가가 떨어지더라도 배당금은 꾸준하게 들어올 테니까요. 오히려 더 싼 가격에 살 수 있어서 좋다고 생각할 수도 있겠죠.

다시 말하지만 '장기 투자'는 개미가 전문가보다 유일하게 잘할 수 있는 것입니다. 주식을 사서 그다음 날 떨어지면 무릎에 산

줄 알았는데 어깨였다며 후회할 것입니다. 그러나 시간이 지나면 지날수록 어깨라고 아쉬워 한 그 지점은 무릎 아래 어딘가가 됩니다.

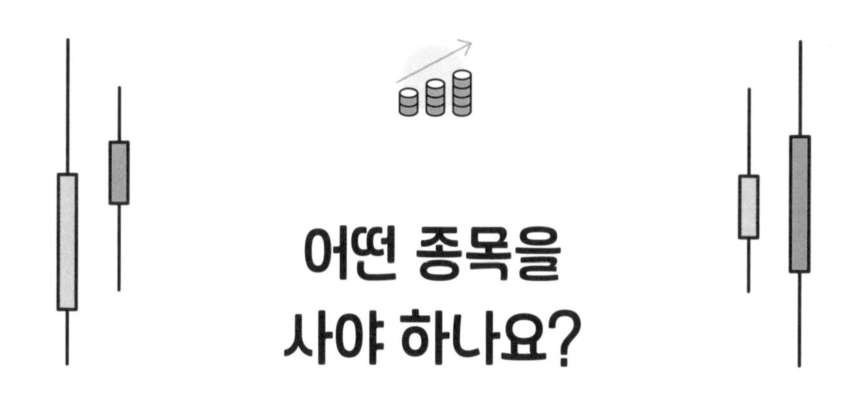

어떤 종목을 사야 하나요?

주식에 투자할 때 어떻게 종목을 고르나요? 아마 남들이 좋다는 종목, 인터넷에서 본 종목을 살 확률이 높습니다. 지금 오르고 있는 종목은 인터넷에서 칭찬 일색입니다. "앞으로 전망이 좋고, 기업이 돈도 잘 벌고 있고, 지금 들어가도 2배는 오른다." 이런 비슷한 말이 게시판을 가득 채웁니다. 순식간에 돈을 벌 수 있을 것 같아 따라 샀는데 이상하게 주가가 떨어지기 시작합니다. 모두가 좋다고 하는데 내가 사면 왜 떨어지는 걸까요? 왜 우리는 같은 실수를 반복하게 되는 걸까요?

지금 시장에서는 AI 열풍이 불고 있습니다. 직전에는 배터리였고, 전기차가 있었습니다. 한때는 바이오, 한류 테마가 유행하기도 했습니다. 문제는 특정 섹터에 열풍이 불고 있을 때 다른 섹터에 투자하는 사람은 포모*를 겪는다는 것입니다. 나 빼고 다 부자가 되고 있다는 착각에 빠지고 패배주의적 마인드를 가지게 됩니다.

여기서 잠깐!

포모: 포모(FOMO; Fear Of Missing Out)란 놓치거나 제외되는 것에 대한 두려움 또는 자신이 해보지 못한 경험을 다른 사람이 하고 있는 데 따른 막연한 불안감을 일컫는다. 주식 투자에서 포모란 다른 사람이 수익을 내는 것을 보고 자신만 기회를 놓치는 것 같아 충동적으로 투자 결정을 내리는 현상을 말한다.

AI 열풍이 부니까 엔비디아가 10배 오릅니다. 배터리 열풍이 부니까 에코프로의 주가가 폭등하고, 전기차가 유행하니 테슬라의 주가가 치솟습니다. 사람들은 지금 오르고 유행하는 영역에는 관심을 가지지만 그 종목의 유행이 끝나면 어떻게 되는지에 대해서는 관심이 없습니다.

불나방이나 고라니처럼 반짝반짝 빛나는 주식에 관심을 가지게 되는 건 우리의 본능입니다. 지금 따라서 사면 나도 돈을 벌 것

● 삼성전자의 주가와 거래량. 거래랑이 터진 시점을 주목해보자. 자료: 트레이딩뷰

같고 금방 부자가 될 것 같죠. 그런데 이상하게 꼭 내가 사고 나면 주가가 떨어집니다. 그건 유행이 끝났고, 더 이상 사줄 사람이 없기 때문입니다.

내가 팔기 위해서는 누군가가 사줘야 합니다. 인기가 많아질수록 팔려는 사람보다 사고 싶은 사람이 많으니 자연스럽게 주가는 올라갑니다. 그런데 영원히 인기 있는 아이돌은 없는 것처럼 영원히 오르기만 하는 주식도 없습니다(물론 비틀즈와 S&P500의 인기는 영원할 것 같습니다). 아이돌은 인기 절정의 시기가 지나면 계주봉을 넘기듯 다음 세대의 아이돌에게 무대를 양보합니다. 주식도 마찬가지로 유행이 지나면 새롭게 떠오른 섹터로 사람들이 몰리게 됩니다.

투자는 남들과 거꾸로 해야 한다

투자는 남들과 거꾸로 해야 합니다. 분명히 앞으로도 사업을 멀쩡히 영위하고 있음에도 주가가 떨어지는 회사가 여럿 보일 것입니다. 그때 인터넷에 들어가면 모두가 욕하기 바쁩니다. 이래서 안 좋고, 저래서 망할 것 같고, 남은 건 악재밖에 없다는 내용의 게시글이 쏟아집니다. 이때가 비로소 해당 주식을 살 때입니다.

물론 정말로 망할 것 같은 기업은 제외해야 합니다. 그런데 코카콜라, 스타벅스, 맥도날드와 같은 기업이 망할 수 있을까요? 저는 감히 망할 가능성은 1%도 안 된다고 생각합니다. 그런데 이런 우량한 기업도 주가가 떨어지는 시기가 있습니다. 한때 노보노디스크의 비만치료제가 유행하자 코카콜라의 주가는 폭락했고, 이때 사람들은 코카콜라의 시대가 끝났다고 말합니다.

6개월 정도 지나고 나니 비만치료제에 대한 인기가 줄었습니다. 코카콜라는 여전히 잘 팔리고 있고, 일시적으로 떨어진 주가는 어느새 회복해 전고점을 돌파했습니다. 어제까지 분명히 좋은 기업이었는데 남들이 갑자기 욕하는 안 좋은 기업이 되었다면, 그때가 바로 진입할 타이밍입니다. 2023년 10월 코카콜라 주식을 샀다면 남들보다 훨씬 많은 배당을 받고 있을 것입니다.

● 코카콜라 컴퍼니의 주가. 비만치료제가 유행한 시점이 저점이었다. 자료: Google Finance

코로나19 때 배당주를 샀다면

모든 종목이 비관적인 시기가 있었습니다. 상장 이래 위기 한 번 없이 탄탄대로를 걸은 주식은 거의 없습니다. 수년 전 코로나19 때를 떠올려볼까요? 2020년 코스피는 2월 14일 2,243p에서 불과 한 달 만에 1,566p까지 30% 떨어졌습니다. 그때 모두가 세상이 끝났다고 생각했지만, 결과적으로 누군가는 용기를 내 주식을 샀고 부자가 되었습니다. 만약 여러분이 코로나 최저점인 2020년 3월 20일 국내 배당주를 샀다면 지금 몇 퍼센트의 배당을 받고 있을까요?

코로나19 당시 국내 배당주 주가와 현재 배당률

종목	당시 주가 (2020년 3월 20일)	2023년 배당금	2023년 배당률 (3월 20일 종가 기준)	현재 배당률 (2024년 10월 기준)
KB금융	2만 5,850원	3,060원	11.83%	3.35%
SK텔레콤	2만 8,295원	3,540원	12.51%	6.36%
삼성화재	12만 9,500원	1만 6천 원	12.35%	4.76%
대신증권우	6,520원	1,250원	19.17%	8.08%

만약 여러분이 최악의 시기에 이런 국내 배당주를 샀다면 현재 10%가 넘는 배당을 받고 있을 것입니다. 은행 예금 이자가 3~4%에 불과한데 10% 이상의 배당을 받을 수 있다니, 꿈만 같은 이야기죠? 누군가는 저 시기에 주식을 샀고 여전히 보유하고 있을 것입니다. 예를 들어 저도 코로나19 시기에 대신증권우를 매수해서 매수가 기준 배당률이 14%가 넘습니다. 이보다 높은 수익률을 보장하는 투자상품이 몇 개나 있을까요?

코로나19 때는 세상이 멸망한다 생각했습니다. 그런데 불과 4년 만에 마스크를 쓰는 사람은 없어졌고, 우리는 여전히 콜라를 마시고 햄버거를 먹습니다. 은행에서 돈을 빌려서 집을 사고, 핸드폰 요금을 꼬박꼬박 냅니다. 장기적으로 보면 아무것도 바뀐 게 없습니다. 사람들의 전망만 비관에서 중립이 되었을 뿐입니다. 결과적으로 주가는 심리와는 반대로 움직였습니다.

인터넷에 "A종목 어떻게 생각하세요?"라고 질문을 올려보세요. A종목의 주가가 한창 떨어지고 있다면 모두가 욕을 할 것이고, 주가가 한창 올라간다면 모두가 좋다고 할 것입니다. 가장 좋은 매수 타이밍은 주가가 떨어지고 댓글도 안 달리는 시점입니다. 이미 비관이 최고점이라 모두의 관심에서 벗어났다는 뜻이니까요. 거래량은 최악이고 주가는 움직이지 않습니다. 안 좋은 뉴스는 다 나왔으니 아주 작은 호재에도 주가가 꿈틀거리기 시작합니다.

배당률만 높으면 되나요?

누구든 처음에는 다양한 우여곡절을 겪습니다. 테마주도 사보고, 남들이 추천하는 종목도 사보고, 유행이라는 ETF도 삽니다. 그러다 가치주에 눈을 뜨고 배당주를 찾기 시작하는데, 처음에는 '무조건 배당률 높은 게 최고'라는 생각을 하기 마련입니다. 국내, 해외 가릴 것 없이 배당률 10%가 넘는 종목이 눈에 들어옵니다. 특히 미국은 배당률 20%가 넘는 종목도 흔합니다.

당장 검색만 해봐도 배당률 97.84%라는 놀라운 종목이 보입니다. 이런 걸 보고 "지금 사서 고작 1년만 보유하면 2배가 되겠

NAME As of 6/17/24	PRICE, NAV 6/17/24	NET ASSETS MKT CAP	YIELD FWD DIV	EX-DIV DATE	AMOUNT	DECLARED?	YTD TOT RET	EXP RATIO	WATCH
Samara Asset Group PLC CAGPF | Stock |	$1.45 -61.84%	-	**97.84%** $1.42	- -	- Last $1.30	-	-61.84%	-	+
ZoomerMedia Ltd ZUMRF | Stock |	$0.00 0.00%	-	**74.20%** $0.00	- -	- Last $0.00	-	-85.00%	-	+
Banyan Tree Holdings Limited BYNEF | Stock |	$0.01 -50.00%	$323.00 M	**72.89%** $0.01	- -	- Last $0.01	-	98.36%	-	+
NWS Holdings Ltd. - ADR NWSGY | Stock | ADR	$8.53 -4.26%	$6.94 B	**62.63%** $5.34	11/14 2024	$2.67 Last $2.67	Estimated	16.81%	-	+
Catalyst Metals Ltd CTYMF | Stock |	$0.61 0.00%	-	**55.37%** $0.34	- -	- Last $0.27	-	35.56%	-	+
Bachem Holding AG BCHMF | Stock |	$88.05 -9.28%	-	**49.91%** $43.94	4/21 2025	$9.76 Last $0.75	Estimated	67.56%	-	+
Santander Bank Polska S. A. BKZHF | Stock |	$45.48 -5.33%	-	**49.78%** $22.64	- -	- Last $44.63	-	98.12%	-	+
Turk Traktor Ve Ziraat Makineleri TTRKF | Stock |	$14.33 +76.70%	$1.36 B	**45.41%** $1.96	3/10 2025	$1.92 Last $62.96	Estimated	1455.56%	-	+
Intrum AB INJJF | Stock |	$2.80 +40.00%	-	**44.32%** $1.24	- -	- Last $6.75	-	-47.96%	-	+

● 디비던드닷컴(Dividend.com)에서 살펴본 고배당주 목록

네?"라고 착각해서 사면 큰 낭패를 볼 수 있습니다. 예를 들어 연 20% 넘는 분기 배당주를 샀다고 가정해봅시다. 배당락* 전에 사서 첫 배당을 만족스럽게 받습니다. 그런데 첫 번째 분기 때 한 번 배당을 받자마자 그다음 분기에 귀신같이 배당금이 삭감됩니다. 그것도 반토막이 아닌 90% 가까이 삭감되는 경우도 흔합니다. 왜 그런 걸까요?

여기서 잠깐!

배당락: 배당락이란 배당기준일이 지나 배당금을 받을 권리가 사라지는 것을 말한다. 예를 들어 12월 말이 결산 시점이라면 12월 31일 주주명부에 올라 있는 주주들은 배당이 지급된다. 유의할 점은 주식 매수 이후 대금결제까지 3거래일이 소요되므로 12월 31일에 주식을 사면 배당을 받을 수 없다.

고배당이 곧 고수익일까?

흔히 착각하는 게 고배당주일수록 고수익이 보장된다는 생각입니다. 배당주에 투자하고 싶다는 말은 곧 배당을 받고 싶다는 말이니, 당연히 배당률이 높을수록 좋다는 생각이 듭니다. 그런데 배당률 20%를 넘어 50%를 상회하는 엄청난 종목을 남들은 왜 사지 않을까요? 바로 실적에 문제가 있는 기업이기 때문입니다. 실적에 문제가 생겨 주가가 폭락한 상태여서 일시적으로 배당률이 높아진 것이죠.

단순 계산을 해볼까요? 주가가 주당 10만 원이고 배당금이 5천 원이라면 배당률은 5%입니다. 여기서 주가가 반토막이 나서 주당 5만 원으로 하락하면 배당률은 10%가 됩니다. 주가가 반토막 난 덕분에(?) 배당률이 2배가 되었습니다. 만일 기업이 파산 직전이라 주가가 90% 하락한다면 어떻게 될까요? 배당률은 50%가 됩니다.

왜 이런 일이 생길까요? 앞으로 받게 될 금액이 아니라 어디까지나 가장 최근에 지급한 배당금을 기준으로 배당률이 산정되기 때문입니다. 그래서 주가가 떨어질수록 배당률이 올라가는 착시현상이 벌어집니다.

배당률이 5%에서 주가가 폭락해 50~90% 수준으로 치솟았다면, 이러한 기업이 과연 1년 뒤에도 살아남을 수 있을까요? 현재 주가 기준의 배당률이 아닌, 나의 매수가를 기준으로 배당률을 정리해야 하는 이유가 여기에 있습니다. 그래야 고배당의 함정에서 벗어날 수 있습니다. 배당률은 매일 시세에 따라 변합니다. 지금 이 순간에도 주가의 움직임에 따라 배당률은 조금씩 움직이고 있습니다. 반면 '내가 산 가격'은 고정되어 있습니다. 내가 B주식을 1만 원에 샀다면 그 주식의 가격이 아무리 바뀌어도 매수가는 고정되어 있습니다. 물론 주식을 팔 생각이라면 현재 배당률도 중요하겠지만 팔 생각이 없다면 매수가 기준 배당률이 훨씬 중요합니다.

앞서 배당금 가계부에 대해 이야기했는데요. 저는 배당금 가계부를 통해 배당률을 매수가 기준, 시가 기준으로 별도로 관리합니다. 시가 기준 배당률은 매일 바뀌지만 매수가 기준 배당률은 변동이 없습니다. 내가 산 시점 이후로 주가가 오르면 시가 기준 배당률은 지속적으로 떨어집니다. 반면 주가가 떨어지면 시가 기준 배당률은 올라가게 됩니다.

예를 들어 예시 화면에서 대신증권우는 매수가 기준 배당률이 14%입니다. 시가 기준 배당률 8.4%와 비교하면 2배 가까이 차이가 납니다. 반면 제이알글로벌리츠는 매수한 시점보다 주가

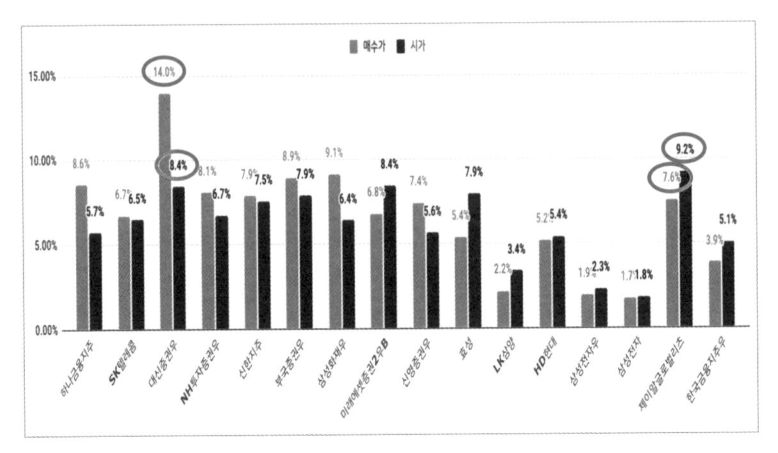

● 배당률을 매수가 기준, 시가 기준으로 분류한 배당주 가계부

가 떨어졌기 때문에 배당률이 1.5%p 이상 차이가 나고 있습니다. 보유한 종목의 매수가 기준 배당률이 낮아지면 주가가 올랐다는 뜻이니 오히려 기분이 좋겠죠? 물론 배당금이 인상되면서 주가까지 오른다면 금상첨화입니다.

부동산을 사면 10년 이상 장기 보유하는 경우가 흔합니다. 그동안 주변 부동산에서 수많은 거래가 이뤄질 텐데 그 시세를 일일이 신경 쓸 이유가 있을까요? 어차피 팔지 않으니까 시세는 아주 가끔 틈날 때 확인하면 그만입니다. 주식도 마찬가지입니다. 어차피 팔지 않을 생각이라면 매수가 기준 배당률을 중요하게 생각해야 합니다. 주식은 파는 게 아니라 사는 것입니다.

워런 버핏과 코카콜라

워런 버핏의 코카콜라 투자는 가치투자의 완벽한 예시입니다. 워런 버핏은 1987년 블랙먼데이* 직후인 1988년부터 코카콜라를 매수하기 시작했습니다. 이후 계속해서 주식을 늘려 현재는 전체 지분의 8%에 해당하는 4억 주를 보유하고 있습니다. 당시 매수 평단가는 몇 달러에 불과했는데 2024년 9월 기준 코카콜라는 70달러 내외에서 거래되고 있습니다. 또한 코카콜라는 60년 넘게 배당금을 늘린 배당킹으로 유명합니다. 2024년 기준 분기당 48.5센트의 배당금을 지급하고 있는데요. 워런 버핏은 연간 대략 10억 달러의 배당금을 받는 것으로 알려져 있습니다. 이에 따라 코카콜라에 투자한 이래 달성한 수익률은 1천만 퍼센트에 이를

여기서 잠깐!

블랙먼데이: 블랙먼데이는 우리말로 '검은 월요일'이다. 1987년 10월 19일 월요일에 일어난 주가 대폭락 사건을 일컫는다. 증권 시장 폭락은 홍콩에서 시작해 유럽으로 퍼졌고 이후 미국에도 영향을 미쳤다. 블랙먼데이 때 다우존스 산업평균지수는 무려 22.61% 하락했다.

것이라고 투자전문매체 〈벤징가〉는 추산했습니다. 중간중간 일부 매수·매도가 있었지만 2012년 이후엔 매도 없이 홀딩 중입니다.

워런 버핏의 코카콜라 배당률을 좀 더 알아보겠습니다. 코카콜라의 2024년 기준 배당률은 3% 안팎입니다. 주당 연간 1.94달러, 분기별로 48.5센트를 지급하고 있습니다. 지금 배당률만 보면 크게 높지는 않습니다. 5% 이상 되는 종목이 널렸는데 고작 3%라는 코카콜라의 배당률은 하찮아 보일 수 있습니다. 그런데 워런 버핏의 코카콜라 평단가 3.25달러로 알려져 있습니다. 이를 기준으로 보면 배당률은 무려 59.7%입니다. 2년마다 원금만큼 배당을 받는 것입니다. 좋은 종목을 사서 30년 넘게 장기 투자해 배당과 주가가 꾸준히 오른 결과입니다.

"워런 버핏은 운이 좋았을 뿐이다. 블랙먼데이 직후라니 어떤 종목을 사도 돈을 벌 시기였다."

이렇게 말하는 분이 있을 것입니다. 시간이 한참 지나서 보니 워런 버핏은 그냥 운이 좋은 사람인 것 같습니다. 그런데 주위를 둘러보세요. 30년 넘게 주식을 가지고 있는 분이 있나요? 좋은 종목을 고르는 안목이 있어야 하고, 주가가 오르든 떨어지든 팔지 않아야 가능한 일입니다. 더군다나 코카콜라도 주가가 떨어진 시

● 1998~2009년 코카콜라 주가. 코카콜라는 11년간 54% 하락했다. 자료: Webull

기가 있었습니다.

1998년부터 2009년까지의 코카콜라 주가 차트를 보겠습니다. 11년 동안 무려 54% 하락했습니다. 여러분이라면 이 시기를 버틸 수 있겠습니까? 2009년 코카콜라의 배당률은 4.4% 수준입니다. 이때 코카콜라를 가지고 있었다면 주위에서 얼마나 조롱했을까요? "고작 4% 배당받으려고 이런 종목을 샀어?"라고 주변의 은근한 비웃음이 느껴질 것입니다. 그런데 그때를 기준으로 보면 오늘날 코카콜라의 주가는 3배, 배당은 2.3배 늘었습니다.

"10년을 보유할 주식이 아니라면 단 10분도 보유할 생각을 하지 마라."

워런 버핏의 명언입니다. 우리가 해야 할 일은 간단합니다. 워런 버핏의 사례를 보면서 앞으로 30년간 보유할 종목을 찾는 것이죠.

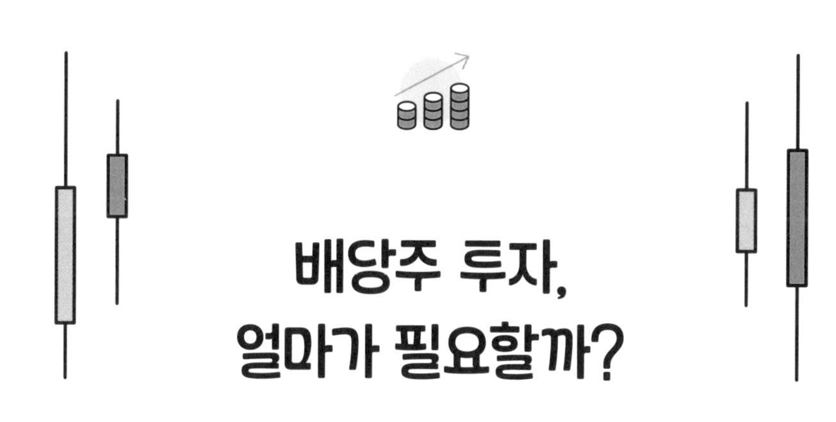

배당주 투자,
얼마가 필요할까?

배당주에 투자하고 있다고 하면 생각보다 많은 분이 비관적인 반응을 보입니다. "배당금 그거 받아서 얼마나 번다고." "푼돈은 모아봐야 푼돈이야." "배당금 보고 샀다가 주가 떨어지면 망한다." 이런 이야기를 주위에서 흔히 듣습니다. 이렇게 말하는 분은 대부분 배당주를 차곡차곡 모아본 경험이 없습니다. 배당 재투자의 매력과 스노우볼 효과를 경험한 적이 없습니다. 하루에도 10% 이상 올라가는 테마주가 있는데, 1년에 7% 수익을 주는 배당주가 눈에 들어올 리 있나요. 그런데 막상 배당주에 대해 비판하는 사람들의 수익률을 보면 형편없이 낮은 경우가 많습니다. 분명 하루만에 10%씩 올라가는 테마주를 산다고 하는데 왜 그들은 부자가 아닐까요?

테마주가 위험한 이유는 오늘 10%가 오르더라도 반대로 내일 10% 떨어질 수 있기 때문입니다. 급등하는 테마주의 최후는 대부분 급락과 상장폐지입니다. 2~3배 올랐다기에 소문을 듣고 테마주에 올라탔는데 하한가를 기록하면 팔고 싶어도 팔지 못합니다. 막심한 손해를 보고 나서야 그제야 내가 잘못했다는 생각을 하게 됩니다.

아직 긴가민가하다면 오늘이라도 배당주를 딱 한 번 100만 원어치만 사보세요. 만약 여러분이 100만 원을 배당주에 투자하면 1년에 5만~10만 원 사이의 배당금을 받게 됩니다. 물가가 많이 올랐다고 하지만 5만~10만 원 정도면 하루 일당으로 볼 수 있습니다. 남들이 1년 일할 때 고작 100만 원 투자로 우리는 하루를 앞서간 셈이 됩니다. 만약 1천만 원이라면 어떨까요? 남들보다 10일을 앞서갈 수 있겠죠.

배당주를 모아 배당금을 1년에 300만 원 정도만 받게 되면 남들보다 한 달을 앞서가는 셈이 됩니다. 5천만 원어치를 모으면 연간 배당금으로 300만 원 정도는 받을 테니 남들이 1년에 12번 월급을 받을 때 우리는 13번 받는 셈이 되죠. 고작 100만 원만 투자해도 하루를 아낄 수 있습니다. 내 자산이 늘수록, 투자금이 커질수록 우리가 아끼는 시간은 늘어납니다.

이제는 1년에 한 번이 아니라 분기 배당, 월배당도 많아졌습니다. 매월 들어오는 배당금만 확인해도 기분이 좋아집니다. 한 달에 한 번 월급이 들어오면 그날은 기분이 좋습니다. 그런데 배당주를 여러 개 사서 매달 10번 이상 돈이 들어오면 얼마나 행복할까요?

배당금은 현금입니다. 배당금이 들어온다는 것은 내 계좌에 돈이 들어와 확정수익이 생겼다는 뜻입니다. 그래서 저는 배당주에 관심 없는 분이 있으면 일단 100만 원어치만이라도 사라고 조언합니다. 나머지 돈은 평소에 하던 것처럼 테마주 투자에 쓰고요. 수개월 후 결과는 어떨까요? 만일 배당주의 수익률이 테마주보다 좋다면 앞으로는 배당주 투자에 집중하는 것이 좋습니다.

상위 10% 어렵지 않아

일반적인 주식 투자로 상위 10%에 들어가는 건 생각보다 어렵습니다. 그런데 배당 투자로 상위 10%에 들어가는 건 생각보다 쉽습니다.

다음은 〈연합뉴스〉 2024년 3월 23일 기사입니다.

배당 소득이 1억 5천만 원가량 넘으면 상위 0.1%에 해당하는 것으로 나타났다. 상위 0.1%의 평균 배당 소득은 8억 원이 넘었다. 23일 국회 기획재정위원회 소속 더불어민주당 양경숙 의원이 국세청에서 받은 '배당 소득 천분위' 자료에 따르면 2022년 기준 배당 소득을 신고한 인원은 1,723만 6,882명이었다. 이들이 신고한 배당 소득은 총 29조 1,838억 원이었다.

국세청 자료에 따르면 2022년 배당 투자 상위 0.1%는 한 해 8억 원 이상의 배당 소득을 거뒀습니다. 상위 0.1%가 너무 많은 돈을 가져가다 보니 최상위권만 제외하더라도 기준이 확 낮아지는 게 느껴집니다. 실제로 상위 0.1%가 받는 배당 소득이 전체 비중의 절반을 차지합니다.

그럼 상위 10%는 어떨까요? 우선 우리나라 국민의 1인당 평균 배당 소득은 170만 원가량입니다. 그리고 상위 1~10%의 평균 배당금은 고작 '411만 원'입니다. 여기서 상위 10%의 정확한 기준점을 찾으면 200만 원도 안 될 것입니다. 중간값 대비 평균값의 배율을 보면 분포가 매우 극단적입니다. 결국 '대한민국 평

배당 소득 천분위

구분	2020년		2021년		2022년	
	소득 합계	비중	소득 합계	비중	소득 합계	비중
전체	28조 3,010억 원	100%	30조 7,977억 원	100%	29조 1,838억 원	100%
상위 0.1%	14조 1,640억 원	50.1%	15조 1,120억 원	49.1%	14조 3,358억 원	49.1%
상위 1%	20조 8,559억 원	73.7%	21조 5,949억 원	70.1%	20조 4,968억 원	70.2%
상위 10%	26조 7,784억 원	94.6%	28조 7,123억 원	93.2%	26조 8,690억 원	92.1%

자료: 국세청

2022년 배당 소득 세분화

구분	총액	평균	인원
전체	29조 1,838억 원	170만 원	1,724만 명
상위 0.1%	14조 3,358억 원	8억 3,154만 원	1,724명
0.1~1%	6조 1,610억 원	3,609만 원	17만 676명
~1%	20조 4,968억 원	1억 1,889만 원	17만 2,400명
1~10%	6조 3,722억 원	411만 원	155만 명
~10%	26조 8,690억 원	1,562만 원	172만 명

자료: 국세청

균 배당금≒상위 10% 배당금'이라 할 수 있습니다.

이제 현실이 보이죠? 배당주에 5천만 원만 투자해도 바로 상위 10%가 가능합니다. 이렇게 매년 모인 배당금을 재투자하면 원금과 함께 배당금이 불어나는 복리효과를 누릴 수 있습니다. 시간은 우리의 편입니다. 꾸준히 적립식으로 배당주를 모은다면 파이어의 고지에 오를 수 있습니다.

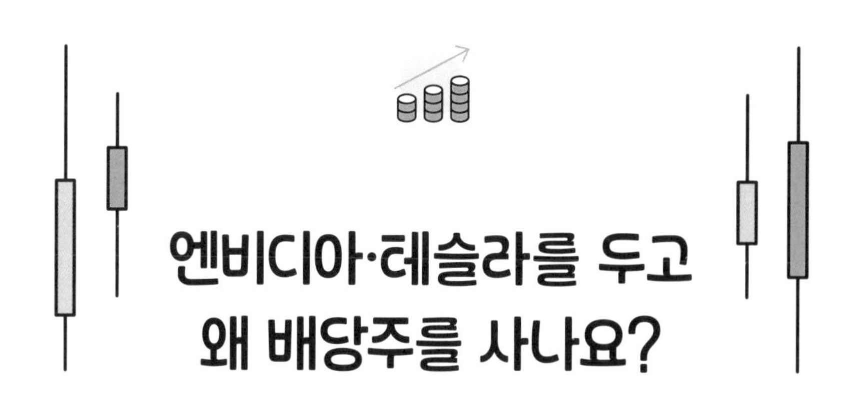

엔비디아·테슬라를 두고 왜 배당주를 사나요?

주식 투자할 때 많은 사람이 수익률이 전부라고 생각합니다. 물론 내가 투자하는 기계라면 수익률이 전부입니다. 돈을 벌기 위해서 하는 것이 투자인데 수익률이 높으면 높을수록 당연히 좋겠죠. 문제는 '멘탈 관리'입니다. 특히 초보자일수록 멘탈 관리를 소홀히 하는 경향이 큽니다. 코로나19 이후 투자를 시작했다면, 그래서 금융위기를 경험해보지 못했다면 주식 시장이 장밋빛으로 보일지 모릅니다. 테마주로 단기간에 큰돈을 벌면 돈이 돈을 복제해주는 느낌이 들 수 있어요.

배당주를 고집하는 이유

배당주에 투자한다고 하면 '엔비디아' '테슬라'에 대한 이야기가 따라옵니다. 수년 전에는 테슬라가 없으면 바보였고, 최근에는 엔비디아가 없으면 바보라고 합니다. 1년 사이 수억 원을 벌었다, 수익률 200~300%가 넘었다는 인증글이 넘칩니다. 나는 배당주로 연 10% 수익을 노리고 있는데 옆에서는 자본금이 2~3배가 되었다며 환호하고 있습니다. 이 상황을 여러분은 버틸 자신이 있나요? 지금이라도 보유한 종목을 매도하고 뜨거운 감자로 떠오른 테마주를 사야겠다는 생각이 들지 않나요?

최근에 엔비디아가 뜨겁다면 과거에는 테슬라가 그랬습니다. 보다 이전에는 애플과 삼성전자가 있었고요. 어떤 종목이든 가장 인기를 끌 때는 수익률이 최고점일 때입니다. 가장 유망하고 앞서나가는 종목이 반짝반짝하게 보이기 마련입니다. 그런데 연예인, 스포츠 선수와 마찬가지로 영원한 1등은 없습니다. 박수칠 때 떠나라는 말은 연예계, 스포츠계에서만 나오는 말이 아닙니다. 주식투자에서도 똑같습니다. 모두가 부러워할 때가 팔 때입니다.

다시 한번 질문해봅니다. 왜 배당주를 사야 할까요? 정확히는 왜 배당주를 고집해야 할까요? 정답은 우리가 인간이기 때문입니다. 분명히 장기 투자할 것이다, 평생 가져갈 것이라 다짐하고 샀는데 며칠 만에 팔아버리기 일쑤입니다. 소위 '유리멘탈'이라면 더욱 그렇습니다. 주식 투자에서 관건은 호가창을 보지 않는 것입니다. 주가는 지금 이 순간에도 수없이 변화하고 있습니다. 100만 원의 1%는 1만 원입니다. 1천만 원의 1%는 10만 원입니다. 1억 원을 투자했는데 3%가 떨어지면 300만 원이 사라집니다. 300만 원이 사라져도 전혀 스트레스를 받지 않고 웃으면서 다른 이야기를 할 수 있다면, 배당주를 사지 않아도 됩니다.

저처럼 유리멘탈이라면, 수백만 원이 오가는 상황에서 초연할 수 없다면 배당주에 투자하는 것이 맞습니다. 정해진 수익을 꼬박꼬박 챙기면서 주가를 신경 쓰지 않아도 되니까요. '왜 배당주를 사나요?' 하는 질문은 '누가 배당주를 사야 하나요?'라는 질문으로 이어집니다. 예를 들어 미국의 전통적인 월배당주 리얼티 인컴에 투자하는 분은 스트레스가 적습니다. 리얼티 인컴의 최근 주가가 수년간 횡보하며 약하게 하락하고 있음에도, 이 종목의 주주들은 스트레스 없이 꾸준히 재투자를 이어갑니다. 애초에 리얼티 인컴에 투자하는 분은 코인이나 테마주에 투자하는 사람과는 결이 다릅니다. 분명히 '주식 투자'라는 같은 카테고리에 있지만 방식만 보면 테마주는 도박에 가깝고, 배당주는 월세를 받는 부동산 투자에 가깝습니다.

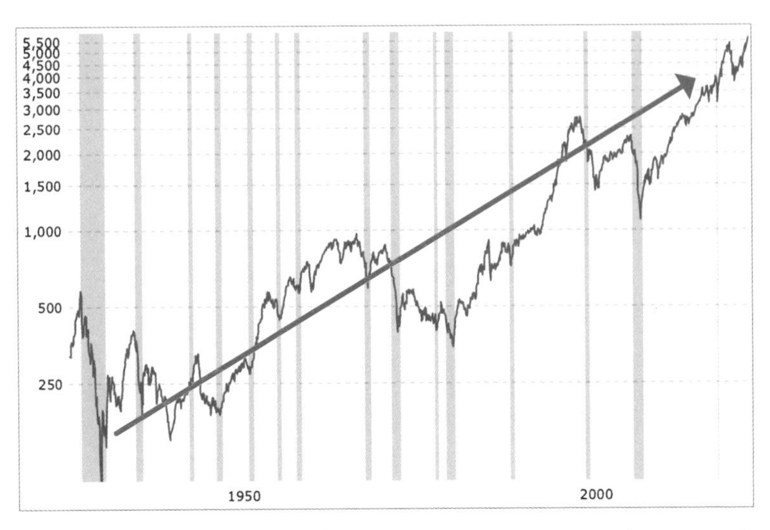

● 1920~2024년까지의 S&P500 주가 자료: Macrotrends

도박을 좋아하고 화끈하게 고수익을 노린다면 코인이나 테마주에 투자해야겠지만, 안전하게 투자하고 싶다면 부동산이나 배당주가 맞습니다. 배당주 투자자에게 '수익률 높은 종목이 최고'라고 말해도 절대 먹히지 않을 것입니다. 애초에 여기서 말하는 수익률이란 확정수익률이 아닌 기대수익률이기 때문입니다. 오를 수 있는 만큼 떨어질 수도 있습니다.

왜 배당주에, 정확히는 우량한 미국 배당주에 투자하는 투자자들은 주가가 떨어지든 말든 흔들림 없이 초연한 걸까요? S&P500의 지난 50년간 연복리 수익이 9%를 넘고 있기 때문입니다. S&P500은 수십 년간 등락을 반복했지만 끝끝내 위기를 이

겨내며 우상향했습니다. 1920년대부터 미국 증시는 무려 15번의 위기를 겪었습니다. 가장 길었던 블랙먼데이 때는 4년 동안 주가가 떨어졌고, 짧지만 강렬했던 코로나19 때는 3개월 동안 주가가 폭락했습니다.

평생 예적금과 부동산에만 투자하다가 이 시기에 주식 투자에 입문했다면 대부분은 버티지 못했을 것입니다. 100% 안전한 투자란 불가능합니다. 어느 정도 위험은 있지만 꾸준히 확정수익을 챙겨가면서 안전하게 주식에 투자하고 싶다면, 장기간 스트레스 없이 건강하게 본업에 집중하면서 주식에 투자하고 싶다면 배당주가 가장 적합합니다.

버크셔 해서웨이는 왜 배당을 안 줄까?

무조건 배당주만이 정답이란 것은 아닙니다. 다시 말해 배당을 주지 않는다고 꼭 나쁜 기업이라 할 순 없습니다. 다만 배당을 지급하지 않는 납득할 만한 이유가 있어야 합니다. 배당을 지급하는 않는 가장 대표적인 기업이 워런 버핏의 버크셔 해서웨이입니다.

워런 버핏은 배당이 꼬박꼬박 나오는 기업을 좋아하는 가치

투자자입니다. 그런데 역설적이게도 그의 회사 버크셔 해서웨이는 1967년 단 한 번을 제외하고는 배당을 지급한 적이 없습니다. 버크셔 해서웨이의 수익을 배당으로 지급하는 대신 그 돈을 다른 곳에 재투자해 주주의 이익을 극대화하는 전략을 취하고 있기 때문입니다.

워런 버핏이 버크셔 해서웨이를 인수한 이후부터 주식의 가치는 매년 평균 20%씩 상승했습니다. S&P500 상승분의 2배가 넘는 수치입니다. 실제로 워런 버핏은 배당을 지급하는 대신에 더 높은 수익을 달성하면서 더 많은 가치를 창출했습니다. 버크셔 해

● 버크셔 해서웨이의 주가 자료: Google Finance

서웨이 주식의 주당 가격은 2024년 9월 20일 기준 68만 달러로 우리 돈 약 10억 원입니다. 배당을 지급하지 않고 주식의 가치를 꾸준히 올린 결과입니다. 그런데 이건 워런 버핏이기 때문에 가능한 이야기입니다. 미국 시가총액 10위 안에 들어가는 버크셔 해서웨이를 제외하고 이와 비슷한 기업이 또 있을까요? 배당을 주지 않고 재투자를 통해 훨씬 더 많은 가치를 창출하는 기업은 보기 드뭅니다.

막상 워런 버핏은 꾸준히 배당을 주는 기업을 좋아합니다. 버크셔 해서웨이의 최근 포트폴리오를 보면 공통점이 명확히 보입니다. 비중 1위인 기술주 애플을 포함해서 뱅크오브아메리카, 아메리칸 익스프레스, 코카콜라, 쉐브론 등 거의 대부분 꾸준히 배당을 지급하는 우량주로 유명합니다. 그 배당금이 버크셔 해서웨이의 수익이 되었고, 그 수익을 다른 종목에 투자함으로써 S&P500을 이길 수 있었던 것입니다. 수십 년간 이런 가치투자를 반복하면서 지금의 버크셔 해서웨이가 되었습니다. 버크셔 해서웨이의 작년 배당금 수익은 60억 달러로, 우리돈 약 8조 원 규모입니다. 더 이상 주식을 사고팔지 않아도 가만히 앉아서 8조 원을 벌고 있는 것입니다. 그만큼 돈이 돈을 벌고 있기 때문에 버크셔 해서웨이의 주식은 주당 10억 원 규모가 되었습니다.

'그렇다면 배당주 말고 버크셔 해서웨이 주식을 사면 되잖아?'라고 생각할지 모릅니다. 버크셔 해서웨이가 우량한 기업인 것은 맞지만 그 부분은 조금 꺼려집니다. 기업은 앞으로도 존재하겠지만 워런 버핏이라는 현인은 영원히 존재하지 않을 테니까요. 버크셔 해서웨이의 주식을 사기보다는 워런 버핏의 방식대로 배당주를 사는 건 어떨까요?

배당은 기업이 번 이익의 일부를 주주에게 되돌려주는 것입니다. 배당금을 받는 것은 내 돈을 가져가는 것과 다르지 않습니다. 수많은 기업이 주주의 권리를 무시하고 대주주의 잇속만 챙기기 바쁩니다. 반대로 주주환원을 잘하는 기업이라는 건 그만큼 내 돈을 잘 관리하고 정당한 이익배분을 한다는 뜻입니다. 지금 당장 수익률이 100% 이상 나오면 좋겠지만 우리는 1~2년이 아닌 10년, 20년 장기 투자를 해야 합니다. 부침 없이 꾸준히 수익을 내고 싶다면 어떻게 해야 될지 고민해봅시다.

펀드를 살까요, ETF를 살까요?

바야흐로 'ETF의 시대'입니다. 은행에 가서 "요즘 투자할 만한 상품 없나요?"라고 물어본 다음 창구에서 추천하는 펀드에 가입하는 것은 이제는 옛 방식이 되었습니다. 저 역시 대학생 때 은행원 말만 믿고 아르바이트로 열심히 모은 돈 500만 원을 미국 주식에 투자하는 펀드에 투자한 경험이 있습니다. 요즘 미국이 잘나간다는 창구 직원의 말만 믿고 투자했는데, 운이 좋게도 수익률이 꽤 높았던 기억이 있습니다. 만약 마이너스가 되었다면 어땠을까요? 그 은행원 탓을 했겠죠. 보통 잘되면 내 탓, 못하면 네

탓이니까요.

요즘에는 이런 일이 잘 없습니다. 증권계좌에서 직접 ETF를 골라 투자하는 것이 당연한 시대가 되었습니다. S&P500을 추종하는 ETF를 놔두고 리스크가 큰 개별 주식을 사면 바보 소리를 듣기도 합니다. 그런데 재밌는 건 S&P500에 투자하는 인덱스펀드를 최초로 만든 존 보글이 처음에는 ETF 개발을 반대했다는 점입니다.

ETF도 펀드다

ETF가 무슨 단어의 약자인지 아는 분은 의외로 적습니다. ETF란 상장지수펀드(Exchange Traded Fund)의 약자입니다. 인덱스펀드를 모태로 개발된 개방형 펀드로 단어를 풀어보면 증권거래소(Exchange)에서 매매(Trade)가 가능한 펀드(Fund)라는 뜻입니다. 결국 ETF도 펀드의 일종인 것입니다. "나는 펀드 안 해, ETF에 투자해." 이 말은 틀렸다는 것이죠.

헷갈리는 분을 위해 3가지 펀드(액티브펀드, 인덱스펀드, ETF)의 차이점을 정리해볼까요?

3가지 펀드의 차이점

특성	액티브펀드	인덱스펀드	ETF
운용 방식	펀드매니저가 적극적으로 종목 선택	특정 지수를 추종	특정 지수를 추종
거래 방식	펀드사를 통한 매매	펀드사를 통한 매매	증권거래소에서 실시간 매매
운용보수	상대적으로 높음	상대적으로 낮음	가장 낮음
투자 목표	벤치마크 대비 초과수익 추구	벤치마크 수익률 추종	벤치마크 수익률 추종
유동성	낮음(장중 거래 불가)	낮음(장중 거래 불가)	높음(실시간 거래 가능)
최소 투자금액	상대적으로 높음	상대적으로 낮음	매우 낮음(1주 단위 매매)

1. 액티브펀드

우리가 일반적으로 펀드라고 말하는 상품이 바로 액티브펀드(Active Fund)입니다. 펀드매니저가 종목을 직접 골라서 투자하는 방식입니다. 투자에는 우리가 직접 고르는 직접투자와 전문 투자자가 종목을 대신 골라주는 간접투자가 있습니다. 액티브펀드가 바로 간접적인 투자 방식입니다. 전문가인 펀드매니저에게 내 자금을 맡겨서 대신 투자하게 하고 일정 부분 수수료를 내주는 형태입니다. 전문가인 펀드매니저는 벤치마크를 초과하는 수익율을 얻기 위해 적극적으로 전략을 수립합니다.

2. 인덱스펀드

인덱스펀드(Index Fund)는 S&P500이나 나스닥100과 같은 벤치마크 지수를 그대로 추종하기 때문에 액티브펀드보다 비용과 수수료가 저렴하다는 장점이 있습니다. 얼마 전까지만 해도 단순히 벤치마크 수익을 그대로 따라가는 인덱스펀드와 그보다 높은 수익을 추구하는 액티브펀드 중 무엇이 더 좋은가에 대한 논쟁이 첨예했습니다. 오늘날엔 워런 버핏의 일화로 상황이 인덱스펀드 쪽으로 좀 더 기울었습니다.

2007년 워런 버핏은 뉴욕의 헤지펀드 운용사 프로테제 파트너스의 테드 지데스 회장과 100만 달러짜리 내기를 합니다. 내용은 '앞으로 10년간 인덱스펀드가 헤지펀드의 수익률을 능가할 수 있는가?'였습니다. 워런 버핏은 뱅가드의 S&P500 인덱스펀드인 'VOO'를 선택했고, 테드 지데스 회장은 5개의 헤지펀드를 자체적으로 엄선했습니다. 각각 32만 달러씩 미국채에 투자한 다음 이를 상금으로 걸고, 2008년 1년 1일을 기준으로 10년 뒤 내기에서 이긴 사람이 상금을 자선단체에 기부하기로 약속합니다. 결과는 어땠을까요?

이 세기의 대결 결과는 2018년이 되자마자 발표되었습니다. 워런 버핏의 인덱스펀드는 연평균 7.1%의 수익률을 기록한 반면, 프로테제 파트너스의 헤지펀드는 2.2%의 수익률을 기록한 것입

인덱스펀드 vs. 헤지펀드

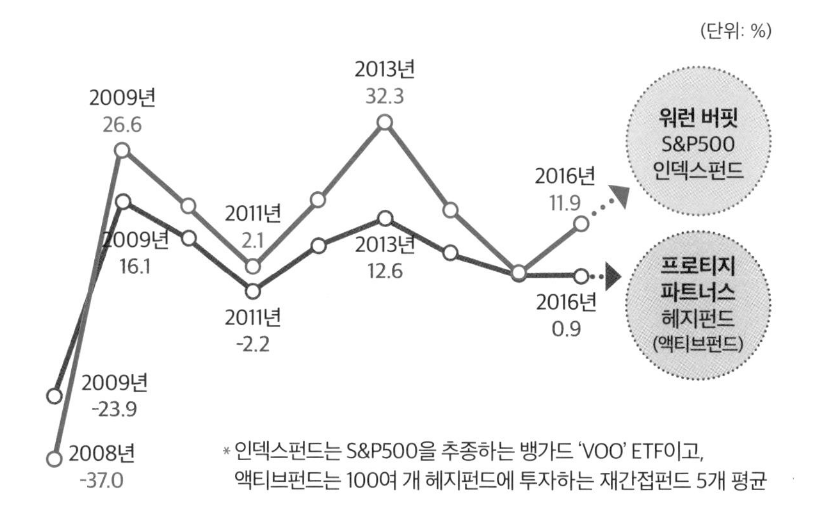

자료: 버크셔 해서웨이 2016년 연간 보고서

니다. 워런 버핏은 상금을 '걸스 오브 오마하'라는 단체에 기부했고, 이때부터 액티브펀드의 인기는 급격히 줄어들기 시작합니다. 실제로 요즘에는 펀드에 가입해본 경험이 없는 20대를 주변에서 흔히 볼 수 있습니다.

3. ETF

ETF는 인덱스펀드와 비슷해 보이지만 유동성 면에서 큰 차이가 있습니다. 인덱스펀드는 장중 거래가 불가능하지만 ETF는 주식 시장에서 실시간으로 거래할 수 있기 때문에 빠른 거래가 가능하다는 장점이 있습니다. 쉽게 말하면 ETF는 요즘 방식이고, 인덱스펀드는 옛날 방식인 것입니다.

ETF를 반대한 인덱스펀드의 창시자

워런 버핏이 투자한 S&P500 ETF인 VOO는 뱅가드 그룹의 ETF입니다. 1929년에 태어나 3대 자산운용사 중 하나인 뱅가드를 만든 존 보글은 인덱스펀드의 창시자로 유명합니다. 워런 버핏은 심지어 그를 '영웅'이라고 부르며, 2017년 버크셔 주주총회에서 "투자자들을 위해 가장 많은 일을 한 사람을 기리는 조각상이 세워진다면 그건 바로 존 보글"이라고 말했을 정도죠.

존 보글은 1976년 8월 S&P500을 추종하는 최초의 인덱스펀드 'Vanguard 500 Index fund', 티커 VFINX를 만들었습니다. 그로부터 17년이 지난 1993년이 되어서야 우리가 알고 있는 S&P500을 추종하는 최초의 ETF인 'SPY(SPDR S&P 500 Trust)'가 출시됩니다. 뱅가드의 VOO가 아니라 SPY가 먼저입니다. ETF 탄생에는 재밌는 일화가 전해집니다.

1992년 미국 증권거래소에서 파생상품 개발자로 일하던 네이선 모스트는 '인덱스펀드를 주식처럼 상장시키면 어떨까?'라는 아이디어를 생각해냅니다. 그는 곧바로 존 보글을 찾아가서 ETF를 출시해보자는 제안을 합니다. 당연히 찬성할 줄 알았던 존 보글은 의외로 반대합니다. 네이선 모스트가 ETF의 최대 장점이라고 언급한 개별 종목처럼 거래할 수 있다는 점이 걸림돌이었습니다. 주식처럼 실시간으로 거래가 가능해지면 개인 투자자로 하여금 장기 투자가 아닌 단기 투자를 유도할 수 있다고 생각했기 때문입니다.

존 보글은 단기 투자를 극도로 싫어했습니다. "장기적으로 주식 시장을 소유하는 것은 승자의 게임이지만, 시장을 이기려는 시도는 패자의 게임"이라고 말할 정도였으니까요. 물론 완전히 반대한 것은 아니고 몇 가지만 고치면 될 것 같다고 이야기했습니다. 존 보글과의 회의를 끝낸 네이선 모스트는 1년 뒤 스테이트 스트리트와 함께 SPY를 출시하게 됩니다.

지금이야 인터넷에서 수많은 정보가 넘쳐나고 핸드폰으로 간편히 전 세계 주식을 사고팔수 있는 세상이 되었지만, 존 보글이 활동한 1990년대 초반은 그렇지 못했습니다. PC도 제대로 보급되지 않아 일일이 은행에 방문해서 상담을 받고, 거래할 상품과 금액을 손으로 써서 제출하던 때입니다. 존 보글은 시장을 이기려는 '어리석은 시도'를 최소화해야 한다고 믿었습니다. 그는 거래가 많이 일어날수록 투자자들은 손해를 볼 것이며, ETF가 출시되면 투자자들의 자금으로 월가의 호주머니를 채울 것이라고 예상했습니다.

여기서 핵심은 '개별 종목, 펀드, ETF 중에 무엇을 사야 할까?'가 아닙니다. 바로 단기 투자가 아니라 장기 투자를 해야 한다는 것입니다. 아무 종목이나 쉽게 자주 거래하는 것보다 시장 전체에 평생 투자할 각오를 해야 합니다. 많은 분이 S&P500 ETF를 사서 평생 놔둘 것이라고 말하지만, 1~2년이 지나 어느 정도 수익이 나오면 팔아버리기 일쑤입니다.

워런 버핏은 뉴턴의 법칙에 비유해 장기 투자의 중요성을 강조했습니다. 그는 제4의 운동법칙을 소개하며 "투자 세계에서는 운동이 증가할수록 수익은 감소한다"고 조언했습니다. 거래가 잦아질수록 실수가 늘고 불필요한 비용(세금, 거래수수료)이 발생하기 마련입니다.

ETF가 출시되고 30년이 지난 지금은 어떤가요? 자산운용사의 수입은 상상을 초월할 정도가 되었습니다. 기술이 발전할수록 더욱 쉽고 빠르게 투자할 수 있게 되었지만 동시에 개인 투자자들은 더 큰 유혹과 위험에 노출되었습니다. 정보가 범람하며 종목을 바꾸고 싶은 욕망과 단기 투자로 남보다 빠르게 돈을 벌고 싶다는 헛된 생각이 팽배해졌습니다. 이런 생각을 버려야 합니다. 워런 버핏과 존 보글의 일화를 통해 투자의 본질을 명심하기 바랍니다.

핵심요약

- 우리는 타이밍이 아니라 타임에 투자해야 합니다. 기다리는 자만이 복리효과를 누리며 수익을 맛볼 수 있습니다.
- 가장 좋은 매수 타이밍은 주가가 떨어지고 댓글도 안 달리는 시점입니다. 이미 비관이 최고점이라 모두의 관심에서 벗어났다는 뜻이니까요.
- 배당률 20%를 넘어 50%를 상회하는 엄청난 종목을 남들은 왜 사지 않을까요? 바로 실적에 문제가 있는 기업이기 때문입니다. 실적에 문제가 생겨 주가가 폭락한 상태여서 일시적으로 배당률이 높아진 것이죠.

- 매년 모인 배당금을 재투자하면 원금과 함께 배당금이 불어나는 복리효과를 누릴 수 있습니다. 시간은 우리의 편입니다. 꾸준히 적립식으로 배당주를 모은다면 파이어의 고지에 오를 수 있습니다.
- 우리는 1~2년이 아닌 10년, 20년 장기 투자를 해야 합니다. 부침 없이 꾸준히 수익을 내고 싶다면 어떻게 해야 될지 고민해 봅시다.
- 여기서 핵심은 '개별 종목, 펀드, ETF 중에 무엇을 사야 할까?'가 아닙니다. 바로 단기 투자가 아니라 장기 투자를 해야 한다는 것입니다.

배당주의 단점 중 하나는 세금입니다. 우리는 배당 소득에 대해 15.4%의 세금을 내야 합니다. 만약 배당률 5%짜리를 샀다면 배당소득세를 떼고 실제로는 4.23%의 수익만 가져갈 수 있습니다. 0.1%도 아쉬운데 배당 소득의 15.4%라니 정말 크게 느껴집니다. 이럴 때 ISA에서 주식을 사서 배당금을 받으면 배당 소득 연 200만 원까지는 세금이 0원이 됩니다. 심지어 그 이상을 벌더라도 15.4%가 아닌 9.9%의 분리과세가 적용되기 때문에 투자금이 크면 클수록 많은 혜택을 누릴 수 있습니다.

PART 3

배당주 투자를 위한 최소한의 지식

천 리 길도 ISA부터

배당주에 대한 관심이 생겼다면 이제 본격적으로 투자를 시작해 볼 때입니다. 만일 ISA*가 없다면 ISA부터 개설하길 권합니다. 이미 거래하는 증권계좌가 있다면 귀찮다는 생각이 들지 모릅니다. ISA에서 배당주 투자를 시작해야 하는 이유는 간단합니다. 매년 30만 8천 원을 아낄 수 있기 때문입니다. 이 숫자는 도대체 무엇일까요?

2016년 3월 출시된 이후 ISA의 가입자 수는 벌써 500만 명을 돌파했습니다. 다만 여전히 주식 투자가 가능한 중개형이 아닌

여기서 잠깐!

ISA: 개인종합자산관리계좌(ISA; Individual Savings Account)는 하나의 계좌로 예금, 주식, 펀드 등 다양한 상품에 투자할 수 있는 가능한 절세형 만능 계좌다. 발생한 이자와 배당 소득에 대해 비과세 혜택을 제공한다. 장기 투자 문화를 장려하고, 종합적 자산 관리를 통한 재산 형성을 지원하기 위해 도입되었다.

신탁형, 일임형으로 가입한 분이 많습니다. 만들기 귀찮아 보이고 장점이 별로 없어 보이는데 왜 그토록 많은 사람이 가입한 걸까요? 이유는 간단합니다. 배당금 200만 원까지는 비과세 혜택을 얻을 수 있기 때문입니다.

출시된 지 한참이 지났지만 최근에서야 ISA의 장점이 부각되면서 가입자 수가 폭발적으로 늘어났습니다. 특히 2021년 예적금은 가입할 수 없지만 국내 주식에는 투자가 가능한 중개형 ISA가 신설되면서 가입자 수가 큰 폭으로 증가했습니다. ISA 유형 중 중개형의 비중은 약 80%에 달합니다.

배당주의 단점 중 하나는 세금입니다. 우리는 배당 소득에 대해 15.4%의 세금을 내야 합니다. 만약 배당률 5%짜리를 샀다면 배당소득세를 떼고 실제로는 4.23%의 수익만 가져갈 수 있습니다. 0.1%도 아쉬운데 배당 소득의 15.4%라니 정말 크게 느껴집

연도별 ISA 유형별 가입자 수 현황

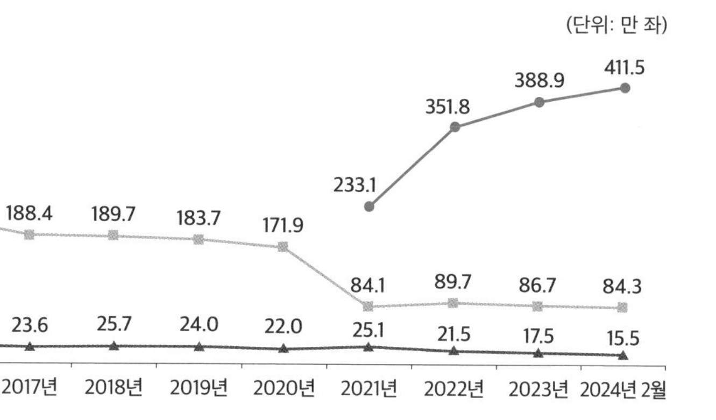

자료: 금융투자협회

니다. 이럴 때 ISA에서 주식을 사서 배당금을 받으면 배당 소득 연 200만 원까지는 세금이 0원이 됩니다. 심지어 그 이상을 벌더라도 15.4%가 아닌 9.9%의 분리과세가 적용되기 때문에 투자금이 크면 클수록 많은 혜택을 누릴 수 있습니다.

배당주의 매력을 깨닫고 투자액을 늘리다 보면 배당 소득 연 200만 원은 어느 순간 금방 채우게 됩니다. 200만 원을 채우면 200만 원의 15.4%인 30만 8천 원을 벌게 되는 셈입니다. 단순히 만들기 귀찮아서 일반 계좌에서 투자하기에는 큰 금액입니다. 거기다 200만 원 이후의 소득에 대해서는 9.9%의 분리과세까지 적용됩니다. 만약 연봉 8,800만 원 이상의 직장인이 배당금 2천만 원을 받는다고 가정해봅시다. 과세표준 구간에 따라 15.4%가 아니라 35%라는 엄청난 세금을 내야 합니다. 만일 ISA로 투자했다면 세금은 최대 9.9%이기 때문에 35%와 비교하면 엄청난 차이입니다. 그래서 소득이 클수록, 배당금이 많을수록 무조건 만들어두고 연간 최대 한도인 2천만 원을 채우는 것을 목표로 해야 합니다.

배당주 투자자로서 누릴 수 있는 ISA의 또 다른 매력은 '과세이연'이 가능하단 것입니다. 일반 계좌에서는 수익 발생 즉시 세금이 떼이지만, ISA는 만기 해지할 때 모든 수익과 손실을 합해 세금이 부과됩니다. 해지 전까지는 과세이연의 혜택을 누릴 수 있습니다. 수익 발생 즉시 과세되는 일반 계좌와 달리 세금을 만기 시점에 한꺼번에 정산하므로, 재투자에 사용할 수 있는 돈의 크기가 커지는 것이죠.

물론 ISA라고 장점만 있는 것은 아닙니다. 유일한 단점이 하나 있는데, 바로 해외 주식을 매수할 수 없다는 점입니다. 어디까지나 국내 주식 시장의 활성화를 목적으로 출시된 상품이기 때문에 해외 주식을 매수할 수는 없습니다. 국내 주식은 ISA, 해외 주식은 일반 계좌를 활용하도록 합시다.

일본은 우리의 미래

일본에도 우리와 똑같은 제도가 있습니다. 일본에서는 ISA 앞에 일본(Nippon)의 'N'을 추가해서 NISA라고 합니다. 우리보다 2년 빠른 2014년부터 도입되었는데 2024년 1월 신(新)NISA 제도로 변경되었습니다. 연간 납입한도를 120만 엔에서 360만 엔, 누적 한도를 600만 엔에서 1,800만 엔까지 3배나 늘리면서 일본 개인의 투자액이 순식간에 1조 엔 이상 늘어났습니다.

신NISA 도입의 가장 큰 의의는 일본 젊은 계층의 주식 투자에 대한 불신을 감소시켰다는 점입니다. 과거 거품경제의 폭락으

기존 NISA vs. 신NISA

구분	기존 NISA		신NISA
	일반형	적립형	
신규 투자 가능 시기	~2023년	~2042년	2024년~
비과세 보유 기간	5년	20년	무기한
비과세 보유 한도액	600만 엔	800만 엔	1,800만 엔
연간 투자 상한액	120만 엔	40만 엔	360만 엔 (성장투자 240만 엔, 적립형 12만 엔)
비과세 한도 관리	연간 매입액으로 관리		연간 매입액+비과세 보유 한도로 관리

● 최근 급상승한 니케이225 주가

자료: 네이버페이 증권

로 일본인들은 주식 투자에 대한 불신이 강했습니다. 실제로 니케이225지수는 지난 수십 년간 제자리걸음이었습니다. 그런데 이번에 신NISA 제도가 개편되면서 상황이 바뀌었습니다. 신규 계좌 개설의 절반 이상이 30대 이하이며, 특히 여성이 50%가 넘는 것으로 나타났습니다. 젊은 세대의 신규 자금이 유입되면서 일본 증시가 활기를 띄기 시작했습니다.

2024년 1월부터 갑자기 니케이225지수가 눈에 띄게 오른 게 보입니다. 물론 신NISA 제도 외에도 일본의 기업 밸류업 프로그램 활성화, 엔저에 따른 기업의 엔화 기준 매출 증가도 원인으로 꼽힙니다.

갑자기 옆나라 주식 시장의 이야기를 하는 이유는 우리나라의 ISA 역시 조만간 개편될 것으로 보이기 때문입니다. 경제에 관심이 많다면 'K-밸류업 프로그램'이라는 말을 들어봤을 것입니다. 우리나라 기업들이 주식 시장에서 평가받는 가치가 지나치게 낮기 때문에 기업 가치(밸류)를 높이는 프로그램을 정부 주도로 시작했습니다. 그런데 이 기업 밸류업 프로그램의 선두주자가 바로 일본입니다. 실제로 제목도, 내용도 크게 다르지 않습니다. 일본의 기업 밸류업 프로그램을 비슷하게 한국에 적용한 것입니다.

개인종합자산관리계좌(ISA) 지원 강화 방안

구분	현행	개정
납입한도	연 2천만 원, 총 1억 원	연 4천만 원, 총 2억 원
비과세 한도	200만 원, 서민형 400만 원	500만 원, 서민형 1천만 원
가입 대상	금융소득종합과세자 가입 불가	금융소득종합과세자 가입 가능 (단 14% 분리과세 적용)

자료: 금융위원회

ISA도 마찬가지입니다. 일본이 신NISA 제도를 도입했듯이 우리나라도 ISA 제도 개편에 대한 소식이 2024년 초 발표되었습니다. 납입한도를 기존의 2배로, 비과세 한도를 2.5배인 500만 원까지 적용할 수 있도록 하는 방침입니다. 기존에는 금융소득종합과세자의 경우 가입이 불가능했지만 개정 후에는 금융소득종합과세자도 일부 혜택을 받을 수 있습니다.

기업 밸류업 프로그램과 ISA 개편이라는 두 마리 토끼를 잡은 덕분에 일본의 주식 시장은 잃어버린 30년을 끝내고 드디어 최고점을 갱신했습니다. 니케이225는 버블이 최고치였던 1989년의 주가를 무려 35년 만에 갱신합니다. 30년 넘게 주가가 최고점 아래에서 놀았으니 투자에 관심이 없었을 수밖에 없습니다. 항상 그렇듯 주가가 올라야 개인 투자자는 뒤늦게 관심을 가집니다.

흔히 일본을 우리의 미래라고 말합니다. 과거에는 10년 이상 차이가 났다면 현재는 간격이 좁혀져 2~3년 정도 차이가 나는 듯합니다. 기업 밸류업 프로그램이 도입되었고, ISA 개편도 조만간 진행될 것입니다. '잃어버린 30년'을 끝낸 일본 주식 시장과 마찬가지로 한국도 조만간 '박스피'에서 벗어나지 않을까요?

ISA의 전체 가입금액은 2024년 8월 30조 원을 돌파했습니다. 세제 혜택이 확대되면 ISA 시장은 가파른 증가세를 보일 것입니다. 납입한도 2억 원은 일반적인 주식 투자자에게는 충분한 수준입니다. 부부 합산 시 4억 원이며, 연금저축과 IRP 등을 추가로 활용하면 약 5억 원까지 비과세·분리과세 혜택을 누릴 수 있습니다. ISA가 개편되면 해외 주식으로 빠져나간 자금이 국내 주식으로 일부 유입되면서 코스피가 상승하는 효과를 가져올 것입니다. 주가가 오른 다음 뒤늦게 관심을 가지지 말고, 발 빠르게 먼저 저평가된 종목을 발굴해야 합니다.

환율은 중요하지 않다

주식 앱에 들어가서 해외 주식 잔고와 손익 화면을 보면 수익률이 2가지로 나옵니다. 바로 '평가손익(원)' '평가손익(외)'입니다. 국내 주식에는 그런 게 없는데 해외 주식에는 있습니다. 그 이유는 해외 주식의 경우 달러로 투자해야 하므로 원화 기준 수익률과 외국환(보통 달러) 기준 수익률을 따로 표기하기 때문입니다. 최근에 달러가 많이 비싸지면서 이 격차가 꽤 커졌습니다.

예를 들어 외국환 기준으로는 수익률이 마이너스지만 원화 기준으로는 오히려 플러스인 경우도 있습니다. 환율이 좋을 때

종목명 / 종목코드	평가손익(원) / 평가수익률(원)	평가손익(외) / 평가수익률(외)	잔고수량 / 매도가능수량
BofAML	741,636	324.00	200
미국 BAC_PO	15.69%	8.90%	200
BANK OF AMER DS REP 1000 SRS PP PRF	502,729	-50.00	200
미국 BAC_PP	10.87%	-1.32%	200
BANK AMER DS RP NON CM SRS QQ PRF	564,879	58.00	200
미국 BAC_PQ	12.19%	1.56%	200

● 주식쇼퍼의 해외 주식 수익률 표기

매수해서 지금까지 가지고 있는 경우입니다. 만약 환율이 달러당 1천 원일 때 매수했는데 현재 달러당 1,300원이라면 주가 변동 없이도 원화 기준으로는 30%의 수익이 발생한 것입니다. 이런 경우에는 기분이 좋겠지만, 요즘과 같은 고환율 시대에는 달러로 환전해서 매수하기가 겁이 날 수 있습니다. 나중에 환율이 떨어지면 원화 기준 수익률이 떨어지는 정반대의 상황이 벌어질 테니까요.

지금 이 자리에서 여러분께 분명히 밝히고 싶습니다. 미국 주식 투자자라면 환율은 1도 신경 쓸 필요가 없습니다. 거시적 관점에서 환율은 당연히 중요합니다. 대한민국 경제는 수출산업 기반입니다. 수출기업이 잘되어야 우리 경제가 활성화되고, 이를 위해 원달러 환율은 높을수록 좋습니다. 달러로 받은 수출대금을 원화로 환전할 때 더 많은 원화를 받게 되니 수익성이 증가되고, 상대적으로 저렴하게 물건을 팔 수 있어 한국 제품의 가격경쟁력도 높아집니다. 반대로 국내 내수 위주의 기업이라면 원달러 환율이 오를 경우 수입 원자재 비용이 상승하기 때문에 수익성이 악화될 수 있습니다. 어찌되었든 환율 변동성이 클수록 리스크는 올라가고 장기적으로 경제에 여러 영향을 미치게 됩니다.

최근에는 달러의 가치가 계속 올라가면서, 즉 원화의 가치가 하락하면서 미국 주식 투자자 입장에서는 환전이 부담스러운 상황입니다. 1,100원대 이하였던 시절을 기억하는 분이라면

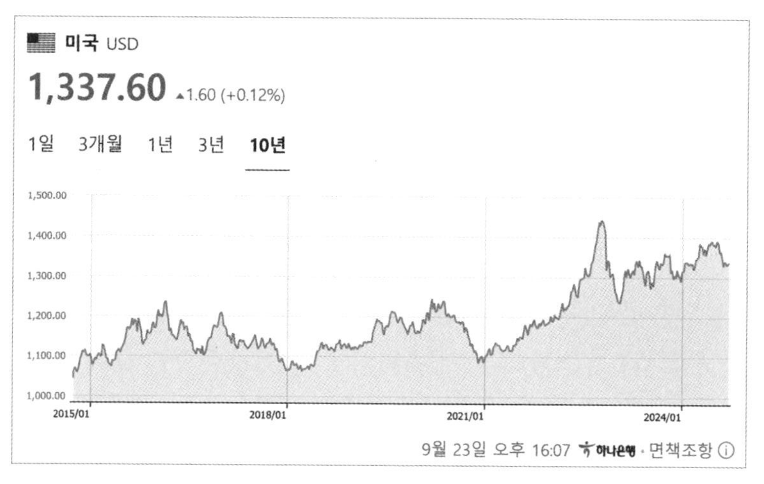

● 원달러 환율

자료: 네이버페이 증권

1,300원이 넘는 지금은 여행조차 조심스럽습니다. 회사에서 해외 협력업체와 거래하는 입장이라면 인보이스에 적힌 달러청구서가 큰 부담으로 다가옵니다. 내가 어떤 사업체를 운영하고 있다면 환율은 더욱 중요합니다. 그런데 우리는 사업을 위해 이 책을 읽는 것이 아니고, 시황을 논하는 경제전문가도 아닙니다. 어디까지나 주식을 하는 개인 투자자입니다.

해외 주식 vs. 국내 주식

다시 한번 강조하지만 미국 주식 투자자라면 환율은 중요하지 않습니다. 왜냐고요? 달러로 바꿔서 주식을 샀다면 한동안은 그 돈을 다시 원화로 환전할 일이 없어야 하기 때문입니다. 앞서 계속해서 장기 투자의 중요성을 강조했습니다. 좋은 종목을 매수했다면 특별한 사정이 없는 한 팔 이유는 없습니다.

미국 주식에 투자한다면 수익에 대해 22%의 양도소득세가 발생합니다. 주식을 팔아서 수익의 22%를 세금으로 내야 할 이유가 있을까요? 더군다나 원화와 달러를 오가는 과정에서 발생하는 환전수수료를 내야 할 이유가 있을까요? 저는 전혀 없다고 생각합니다. 배당주에 투자하겠다고 결심했다면 최소 3년은 보유할 생각을 해야 합니다. 평생 가져간다는 말만 하고 1년 안에 팔아버리는 경우는 없어야 합니다. 설사 팔았다고 해도 그 달러는 다시 다른 미국 주식을 매수하는 데 써야 합니다. 굳이 환전해서 원화로 가져올 필요가 전혀 없습니다.

따라서 이미 환전을 해서 달러 기준 자산을 보유하고 있다면 더 이상 환율에 대해서는 신경을 쓸 필요가 없습니다. 어차피 원화로 바꿀 일은 없을 테니까요. 만약에 가진 주식을 다 털어서 부동산을 사야 하거나, 급하게 병원비를 내야 한다면 이야기는 다를 수 있습니다. 이런 예외적인 상황은 논외로 하고, 장기 투자적인 관점에서 갖고 있는 달러를 다시 원화로 환전할 일은 거의 없습니다. 어차피 바꿀 일이 없는데 환율이 무슨 의미인가요? 미국에 투자하기로 결심했다면 환율의 등락을 신경 쓰기보다는 차라리 그 시간을 종목을 고르는 데 할애하기 바랍니다.

반대로 원화로 국내 주식에 투자한다면 오히려 환율에 관심을 가져야 합니다. 국내 주식에 투자할 때 환율을 신경 써야 한다니, 어떻게 이렇게 정반대일 수 있을까요? 바로 국내 주식의 수급을 결정하는 가장 큰 세력이 외국인이기 때문입니다. 예를 들어 외국인이 원달러 환율 1,200원일 때 국내 주식에 100만 원을 투자한다고 가정해봅시다. 외국인 입장에서는 국내 주식에 투자하기 위해 약 833달러가 필요합니다. 주가가 그대로라면 수익이 없겠지만 이후 원달러 환율이 1천 원까지 내려가면 어떻게 될까요? 이 외국인이 주식을 매도하면 833달러가 1천 달러가 됩니다.

지금처럼 달러 가치가 높을 때는 외국인의 국내 주식 투자 비중이 올라갑니다. 외국인의 매수세가 많아질수록 국내 주식의 주가도 올라갈 가능성이 높기 때문에, 오히려 국내 주식에 투자할 때 환율을 신경 써야 합니다. 비슷한 사례로 일본 엔화 환율과 니케이225지수의 상황을 지켜볼 필요가 있습니다. 엔화의 가치는 37년 만에 최저점을 찍고 있습니다. 2023년 외국인 투자자의 일본 주식 투자는 순자산 기준으로 약 6조 3천억 엔에 이를 것으로 예상됩니다. 이는 2014년 이후 최대 규모의 자금입니다. 외국인 자본의 급증은 일본 내 기업 지배구조 개혁에 대한 신뢰가 높아지고, 달러 대비 엔화가 상대적으로 약세를 보였기 때문으로 분석됩니다. 유입된 자금은 주식 약 3조 1,200억 엔, 파생상품 약 3조 1,700억 엔으로 이러한 투자 열기에 힘입어 니케이225는 34년 만에 최고치를 경신했습니다.

이른바 슈퍼 엔저* 상황이 이어지며 일본 국민 입장에선 소비자물가가 올라 살기 힘들어졌지만, 니케이225지수는 잃어버린 30년을 끝내고 사상 최고가를 갱신했습니다. 2023년 외국인 투자자의 자금이 6조 엔 이상 유입되면서 증시 활황을 일으킨 것으로 분석됩니다. 이처럼 환율이 지나치게 내려가면 외국인의 투자금이 몰리면서 주가가 오를 수 있습니다.

여기서 잠깐!

엔저: 엔저란 엔화 가치의 약세를 뜻한다. 경제 침체와 디플레이션을 극복하기 위해 지난 2012년 아베 신조 총리는 대규모 경제정책인 아베노믹스를 추진한다. 아베노믹스의 영향으로 엔화는 2012년 하반기부터 조금씩 떨어지다가 2013년에 급락했고, 2014년부터 엔저가 지속적으로 이어지고 있다.

미국 주식에 투자한 자금은 영원히 뺄 일이 없지만, 국내 주식은 사정이 다릅니다. 지금의 저출산 기조를 감안하면 30년 뒤 한국의 미래는 아무도 보장할 수 없는 상황입니다. 그래서 감히 영원히 국내 주식에 투자해야 한다는 말은 하지 못하겠습니다. 국내 주식에 투자한다면 환율을 신경 써야 하지만, 미국 주식에 투자한다면 환율과 무관하게 투자를 이어나가야 합니다. 이렇게 우리가 알고 있는 상식과 거꾸로 생각하면서 투자하도록 합시다.

정보는 유튜브 밖에서

저는 주식 유튜브를 합니다. 그 덕분에 책을 쓰게 되었고 여러분과 만나게 되었습니다. 그런데 재미와 확신을 얻기 위해서라면 유튜브가 좋은 창구라고 생각하지만, 투자에 대한 정보를 얻는 것이 목적이라면 멀리해야 한다고 생각합니다. 예전에는 네이버 블로그였다면 지금은 많은 분이 유튜브를 통해 투자 정보를 얻습니다. 화려한 썸네일, 자극적인 제목의 영상이 눈에 띕니다. 제가 처음 유튜브를 운영할 때 실패했던 이유 중 하나입니다. 저는 양질의 정보를 전달하고 싶었는데, 평범하게 정보만 나열하면 재미없는 영상이 만들어집니다. 화면 가득 글자가 많은 영상이 10분 동안 이어지면 과연 누가 볼까요? 아무리 내용이 좋아도 글자만 많으면 재미가 없습니다. 결국 구독자를 모으기 위해 다소 공격적이고 자극적인 내용을 내세울 수밖에 없습니다.

공부는 책으로, 정보는 인터넷에서

솔직히 말해봅시다. 여러분은 유튜브를 어디서, 어떻게 보나요? 아마 출퇴근길 지하철과 버스에서, 주말 아침의 침대에서, 카페에서 누군가를 기다리면서 짬을 내서 보겠죠. 책상에 앉아서 필기도구와 함께 공부하는 마음가짐으로 보는 분은 극소수입니다. 유튜브를 보는 이유 자체가 '재미'에 있기 때문에 만드는 사람도 '재미'가 첫 번째일 수밖에 없습니다. 자극적인 썸네일을 쓰면 일시적으로 조회수가 올라갑니다. 수많은 유튜버가 조회수를 올리기 위해 과장된 정보나 검증되지 않은 전략을 제시합니다. 어디까지나 주된 목적이 교육이 아니라 엔터테인먼트이기 때문에 그렇습니다. 심지어 자극적인 제목으로 클릭을 유도한 뒤 리딩방이나 선물 투자 등으로 유도하는 사기꾼도 넘쳐납니다.

유튜버인 제가 유튜브를 멀리하라고 하니 조금 상황이 웃기긴 합니다. 하지만 반드시 해야만 하는 말입니다. 투자 공부는 반드시 책으로 해야 합니다(제 책을 사라는 말은 아닙니다). 왜 책으로 공부해야 할까요? 검증된 투자 구루(Guru)의 정수가 그들의 저서에 담겨 있기 때문입니다. 10분짜리 유튜브 영상과는 비교할 수 없을 정도로 깊이 있고 체계적입니다.

이미 검증되었고 유명한 사람이라면 무언가 남기고 싶은 욕구가 생깁니다. 사회적 지위와 명성을 얻은 명사는 최종적으로 2가지 중 하나를 택합니다. 책을 쓰거나, 정치를 하거나. 정치를 하는 분은 제외하고, 유명한 투자의 대가가 노년에 자신의 지식을 응축해서 쓴 책은 정말 귀중한 자료입니다. 이런 책은 사후 10년, 20년이 지나도 꾸준히 읽히면서 위대한 유산으로 자리매김합니다.

투자의 대가가 남긴 책에는 그들의 경험과 통찰이 담겨 있습니다. 복잡한 투자 철학과 방법론을 후대에 전달하는 가장 좋은 수단은 역시 책뿐입니다. 수많은 명저 중에서 개인적으로 추천하는 도서는 다음과 같습니다.

『전설로 떠나는 월가의 영웅』(피터 린치, 존 로스차일드 지음)

『위대한 기업에 투자하라』(필립 피셔 지음)

『보수적인 투자자는 마음이 편하다』(필립 피셔 지음)

『현명한 투자자』(벤저민 그레이엄 지음)

『주식시장은 어떻게 반복되는가』(켄 피셔, 라라 호프만스 지음)

『모든 주식을 소유하라』(존 보글 지음)

『돈, 뜨겁게 사랑하고 차갑게 다루어라』(앙드레 코스톨라니 지음)

『주식시장을 이기는 작은 책』(조엘 그린블라트 지음)

『시장의 마법사들』(잭 슈웨거 지음)

『워런 버핏의 주주 서한』(워런 버핏, 로렌스 커닝햄 지음)

이런 책을 읽고 나면 더 이상 테마주를 사지 않을 것입니다. 단타를 하지 않게 되고, 소문에 휘둘려 주식을 사지 않을 것입니다. 피터 린치, 필립 피셔, 벤저민 그레이엄은 기업의 펀더멘털을 이해하고 본질적인 가치에 집중하라 강조했습니다. 존 보글은 분산 투자의 이점을 설명하고, 조엘 그린블라트는 복잡한 전략 없이 효과적으로 투자할 수 있는 마법 공식을 소개했습니다. 켄 피셔와 앙드레 코스톨라니는 시장의 심리와 주기를 이해하는 것을 강조했습니다.

이 밖에 많은 도서가 있지만 어디까지나 가치투자를 지향하는 분에게 추천하는 도서입니다. 만약 여러분이 스캘핑, 차트 매매, 코인 투자 등을 한다면 그 분야를 대표하는 다른 대가가 있겠죠. 다만 큰 성공을 거두고 명성을 얻은 대가가 대부분 가치투자자라는 사실을 기억합시다. 단타를 공부하고 싶다면 제시 리버모어의 책을, 차트를 배우고 싶다면 윌리엄 오닐의 책을 권합니다.

신문과 정보지를 읽으면서 투자했던 과거와 달리 우리는 언제, 어디서든 인터넷을 통해 정보를 찾을 수 있습니다. 책을 통해 투자 원칙을 수립하고 견지할 준비가 되었다면 이제 인터넷을 통해 효과적으로, 효율적으로 정보를 찾고 분석할 차례입니다. 투자 정보를 찾을 수 있는 사이트 10곳을 추천합니다.

1. 버틀러(국내 주식)

'버틀러(www.butler.works)'는 다양한 차트, 시각 자료를 이용해 국내 기업의 재무정보를 한눈에 파악할 수 있는 사이트입니다. PBR·PER 밴드 등 최근 5년간의 밸류에이션을 파악할 수 있으며, 배당과 자사주 소각을 포함한 주주환원율도 파악할 수 있습니다. 분기별 실적 발표를 포함한 공시 자료, 기업설명회 자료까지 체계적으로 정리되어 있어 투자에 필요한 대부분의 정보를 얻을 수 있습니다. 최근에는 미국 주식에 대한 재무정보도 제공하고 있지만 국내 주식에 비하면 부족한 면이 일부 있습니다.

2. 아이투자(국내 주식)

스톡워치에서 만든 '아이투자(itooza.com)'는 버틀러와 마찬가지로 개별 종목의 재무정보를 제공합니다. 특히 최근 10년간의 재무지표를 표로 확인할 수 있어 성장률을 계산해보기 좋습니다. 10년간의 배당금, 배당성장률, 배당성향을 한눈에 파악할 수 있어 배당주 투자자에게 좋은 사이트입니다. 또한 저PBR 주식, 마법 공식, 저평가 탈피주 등 특정 기준으로 종목을 필터링할 수 있습니다.

3. 토스증권(국내·해외 주식)

토스는 이제 앱뿐만 아니라 '토스증권(tossinvest.com)'을 통해 웹으로도 정보를 제공하고 있습니다. 각종 정보를 큰 화면으로 파악할 수 있어 앱에 비해 편의성이 좋습니다. 종목 정보, 뉴스, 기업 현황 등을 파악하면서 웹으로 매수·매도도 가능합니다. 특히 토스만의 커뮤니티 기능이 활성화되어 있다는 게 가장 큰 장점입니다. 현재 국내에서 웹으로 증권 거래가 가능한 곳은 KB증권과 토스증권이 유일합니다.

4. 시킹 알파(미국 주식)

미국 주식 정보를 찾고 싶다면 꼭 '시킹 알파(seekingalpha.com)'를 먼저 확인해야 합니다. 각종 재무정보부터 애널리스트의 분석, 관련 뉴스 등을 함께 볼 수 있습니다. 시킹 알파의 가장 큰 장점은 최근 5년간의 배당률 차트를 볼 수 있다는 점입니다(유료 버전은 최근 10년간 배당률을 확인 가능). 유료 버전이 보다 많은 정보를 제공하지만 개인 투자자라면 무료 버전으로도 충분합니다. 저는 연평균 배당성장률, 배당 히스토리 등을 활용하기 위해 시킹 알파를 사용합니다.

5. 프리퍼드 스톡 채널(미국 주식)

'프리퍼드 스톡 채널(www.preferredstockchannel.com)'은 미국 우선주에 대한 정보를 제공합니다. 기업별 우선주 리스트를 정리해둔 사이트로 우선주와 본주의 주가를 비교해볼 수 있습니다. 미국 우선주는 정보를 찾기 힘들기 때문에 관심이 있다면 제일 먼저 봐야 할 사이트입니다. 또한 'ETF채널' '캐나다채널' '배당채널' 등 연계되어 있는 사이트도 유용합니다.

6. QuickFS(미국 주식)

'QuickFS(www.quickfs.net)'는 아주 심플한 사이트입니다. 미국 주식의 재무정보를 간단한 도표로 제공합니다. 최근 10년간의 매출, 영업이익, 배당률, ROA 등을 파악할 수 있습니다. 현란한 그림이나 관련 뉴스는 필요 없고 오직 숫자만 보고 싶은 분에게 추천합니다.

7. 프로펠러(미국 주식)

'프로펠러(my.propelor.com)'는 미국 주식 배당금 관리 사이트입니다. 내가 보유한 주식의 수량을 입력해 포트폴리오를 만들 수 있으며, 해당 포트폴리오의 향후 1년 배당을 확인할 수 있습니다. 각 종목이 포트폴리오에서 차지하는 비중과 배당률 등을 보기 좋게 정리해 제공합니다. 시세차익은 전혀 확인할 수 없고 오로지 배당만 관리 가능한 특이한 사이트입니다. 만약 주가 변동으로 인한 스트레스 없이 배당 투자만이 목적이라면 이 사이트를 활용하기 바랍니다.

8. 트레이딩 이코노믹스(경제·투자 정보)

'트레이딩 이코노믹스(tradingeconomics.com)'는 경제·투자와 관련된 전 세계 모든 뉴스와 정보를 실시간으로 제공합니다. 국가별 GDP, 원자재 가격, 기준금리, 실업률 등 없는 게 없습니다. 정말로 모든 정보가 다 있기 때문에 특정 데이터의 방향과 흐름이 궁금하다면 트레이딩 이코노믹스를 이용하면 좋습니다.

9. 컴퍼니스마켓캡(시총 정보)

'컴퍼니스마켓캡(companiesmarketcap.com)'은 8,700개에 달하는 전 세계 주요 종목의 시가총액을 비교할 수 있는 사이트입니다. 국가별 시가총액뿐만 아니라 주요 카테고리별로 나열할 수 있기 때문에 종목 선정에 도움이 됩니다. 개별 종목을 누르면 주가, PER 등을 확인할 수 있지만 시가총액 외의 다른 정보는 조금 부족한 부분이 있습니다.

10. 노벨 인베스터(섹터별 정보)

'노벨 인베스터(novelinvestor.com/sector-performance)'는 S&P500의 섹터별 성과와 수익률을 보여줍니다. 주식 시장에는 영원한 승자도 패자도 없습니다. 작년에 잘나간 섹터가 그다음 해에도 반드시 1등인 것은 아닙니다. 바꿔 말하면 수년간 꼴찌였던 섹터에 투자하면 그다음 해에 대박이 나는 경우도 종종 있습니다. 예를 들어 2018~2020년 3년간 에너지 섹터의 수익률은 최하위였지만, 2021~2022년에는 연속으로 수익률 1위를 기록한 바 있습니다. 이 밖에 국가별 주식 시장의 연도별 수익률을 확인할 수 있습니다.

추천한 10곳 외에도 많은 플랫폼이 있겠지만 제가 자주 애용하는 사이트 위주로 정리했습니다. 모든 투자에는 이유가 있어야 합니다. 어떤 종목에 투자했다면 누군가가 추천해서가 아닌, 투자한 이유와 근거에 대해 명확히 말할 수 있어야 합니다. 투자의 결과가 성공이든 실패든 그에 따른 책임과 성과는 모두 나의 것이기 때문입니다. 만약 힘들게 분석해서 종목을 골랐는데 성과가 좋지 못하다면 그걸 토대로 다음에는 같은 실수를 반복하지 않으면 됩니다.

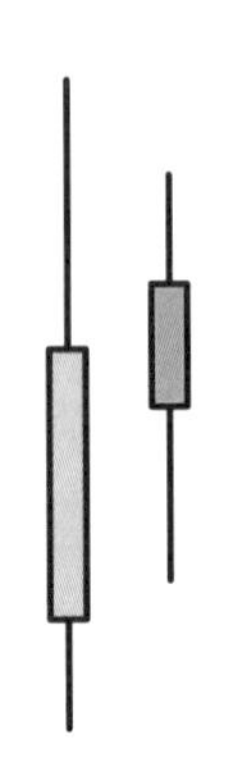

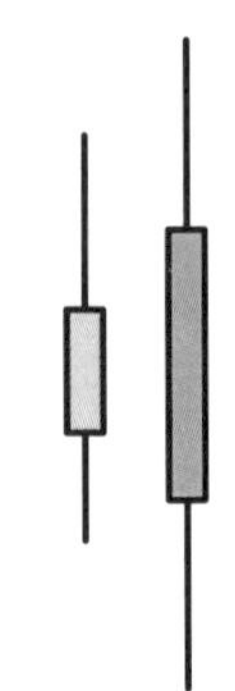

대가들이 보유한 종목을 찾아보자

주식 투자를 결심할 때 처음 하게 되는 질문은 '어떤 종목을 사야 하는가?'입니다. 공부 없이 투자를 시작하면 소문과 소음에 휘둘리기 마련입니다. 옆자리 동료에게 물어보지 말고, 차라리 유명한 사람이 산 종목을 따라서 사는 건 어떨까요? 100점짜리 투자법이라 할 순 없지만 대가의 포트폴리오에서 투자의 힌트를 얻는 것은 생각보다 효과적인 전략입니다. 뉴스를 보다 보면 종종 어떤 전설적인 투자가가 ○○종목을 신규로 매수했다는 기사를 보게 됩니다.

미국: 13F

한국에 금융감독원 전자공시시스템 다트(DART)가 있다면, 미국에는 SEC 에드가(EDGAR)가 있습니다. 미국 증권거래위원회(SEC)가 운영하는 사이트로 각 기업은 분기별 보고서, 연간 보고서, 기타 정기보고서를 반드시 '증권거래위원회(www.sec.gov)'에 제출해야 합니다. 처음 보면 좀 복잡해 보이는 사이트지만 검색은 어렵지 않습니다.

검색하고 싶은 기업의 티커와 문서명을 입력하면 관련 보고서가 검색됩니다. 보고서의 종류는 다양하지만 우리가 주목해야 하는 자료는 '13F'입니다. 13F는 기관 투자자가 분기마다 증권

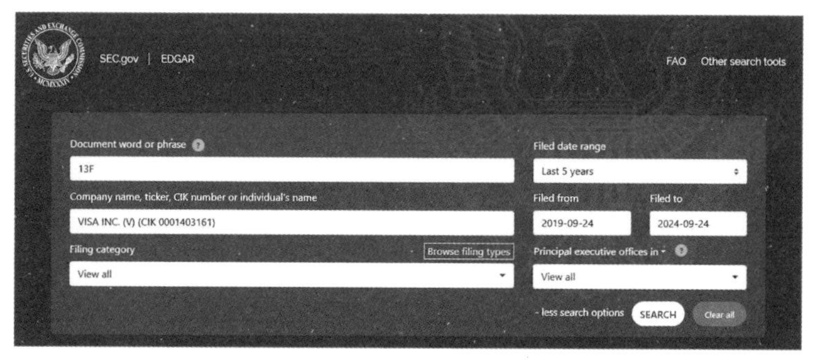

● SEC 에드가 검색창 화면. 기업명과 문서명을 입력하면 해당 기업의 여러 보고서를 확인할 수 있다.

거래위원회에 제출하는 보고서입니다. 1억 달러 이상의 미국 상장주식을 운용하는 기관 투자자라면 이 보고서를 통해 보유 주식 내역을 공개해야 합니다. 예를 들어 비자의 13F를 검색하면 여러 보고서가 나열되어 나옵니다. 이 중에서 우리가 관심을 가져볼 만한 보고서 리스트는 6가지(10-K, 10-Q, 8-K, S-1, DEF 14A, 13F)입니다.

주요 보고서의 종류

보고서	내용	제출 시기
10-K	연간 재무보고서. 회사의 전반적인 재무 상태, 사업 내용, 위험 요소 등을 포함	회계 연도 종료 후 60~90일 이내
10-Q	분기 재무보고서. 10-K의 간소화된 버전으로 분기별 재무정보 제공	각 분기 종료 후 40~45일 이내
8-K	주요 사건 보고서. 경영진 변경, 인수합병, 파산 등 중요 사건 발생 시 제출	사건 발생 후 4영업일 이내
S-1	기업공개(IPO) 등록서. IPO를 위한 상세한 회사 정보 제공	IPO 전
DEF 14A	위임장 설명서. 주주총회 안건, 이사 선임, 보수 등에 대한 정보 제공	주주총회 전
13F	기관 투자자의 보유 주식 내역 공개	분기 종료 후 45일 이내

연간 실적을 발표하면 10-K를 제출하는 식입니다. 유명한 대가들의 포트폴리오가 궁금하다면 13F를 확인하면 됩니다. 주의

할 점은 13F는 실시간 반영이 아니라는 것입니다. '분기 종료 후 45일 이내'라는 조건이 있기 때문에 우리가 언론에서 이 정보를 확인할 때는 최소 한 달이 지난 옛날 정보라는 것을 감안해야 합니다. 만약 특정 호재가 발표되어 어떤 종목에 매수가 확대되었다는 13F를 보게 되었다면 이미 늦은 타이밍일 수 있습니다. 유명한 사람을 따라서 투자하겠다는 생각보다는 내가 보유한 종목의 비중을 축소한 운용사가 있는지, 왜 이런 종목에 투자했는지 분석하는 용도로 사용해야 합니다.

참고로 대가들이 보유한 종목을 쉽게 확인하고 싶다면 13F만 취합해둔 사이트를 이용하는 방법이 있습니다.

1. Stockcircle

유명한 대가들의 포트폴리오는 어떨까요? 이 사이트(stockcircle.com)에서 확인할 수 있습니다. 워런 버핏의 버크셔 해서웨이, 마이클 버리의 사이언 에셋, 캐시우드의 아크 인베스트 등의 보유 종목을 확인할 수 있습니다. 투자 비중과 함께 종목별 매수·매도 현황을 파악할 수 있어 상당히 유용합니다.

2. HedgeFollow

유명 헤지펀드의 포트폴리오를 보기 좋게 시각화해 제공하는 사이트(hedgefollow.com)가 있습니다. 각 운용사별 보유 비중을 시각 자료로 제공하며, 상위 50개 종목을 자산 비중을 기준으로 정렬해서 보여줍니다. 예를 들어 버크셔 해서웨이라면 애플이 전체 포트폴리오의 40.8%라는 걸 한눈에 볼 수 있습니다. 보유하고 있는 금액뿐만 아니라 최근 거래량까지 확인 가능합니다. 최근에 애플, 쉐브론의 비중을 줄이고, 옥시덴탈 페트롤리움의 비중을 늘린 게 눈에 띕니다.

한국: 주식등의 대량보유상황보고서

아쉽게도 우리나라는 미국처럼 전설적인 투자자가 많지 않다 보니 유명한 분의 포트폴리오만 별도로 모은 사이트는 존재하지 않습니다. 하지만 방법은 있습니다. 금융감독원 전자공시시스템 다트를 이용하는 것입니다. 미국의 13F와 유사한 보고서가 있는데 바로 '주식등의 대량보유상황보고서'입니다.

「자본시장과 금융투자업에 관한 법률」 제147조에 따라 주식을 5% 이상 보유하게 되거나, 보유 비율이 1% 이상 변동된 경우 보유목적 등을 5영업일 이내에 공시하도록 되어 있습니다. 다트

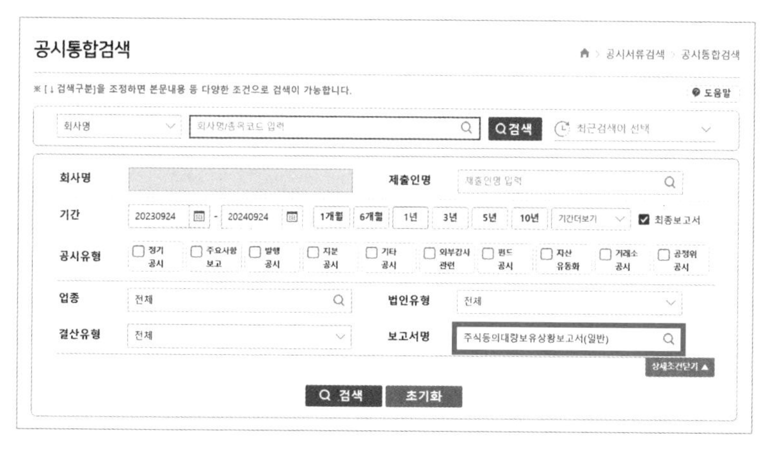

● 전자공시시스템 다트 공시통합검색 화면

'공시통합검색' 화면에서 보고서명에 '주식등의 대량보유상황보고서'를 입력한 뒤, 제출인명에 여러분이 찾고 싶은 사람의 이름을 입력하면 됩니다.

만약 내가 투자하고 있거나 관심 있는 종목의 주주 현황을 보고 싶다면 버틀러를 참고하면 좋습니다. 예를 들어 삼성전자는 삼성생명보험(8.62%), 국민연금공단(7.14%), 블랙록(5.03%), 삼성물산(5.01%) 순서라는 것을 알 수 있습니다. 우리가 아는 이재용 회장은 고작 1.63%만 보유하고 있을 뿐입니다. 지분관계를 보면 돈이 움직이는 방향을 알 수 있습니다. 삼성전자의 지분 5%를 삼성물산이 보유하고 있다는 것은 삼성전자가 매년 지급하는 배당금의 5%가 삼성물산의 수입원이 된다는 뜻입니다.

주주현황

대주주	보유주식수	보유지분율	5% 보유주주	보유주식 수	보유지분율
삼성생명보험(주)	508,157,148	8.51%	삼성생명보험(주)	514,530,399	8.62%
삼성물산(주)	298,818,100	5.01%	국민연금공단	426,513,027	7.14%
홍라희	97,978,700	1.64%	BlackRock Fund Advisors	300,391,061	5.03%
이재용	97,414,196	1.63%	삼성물산(주)	298,818,100	5.01%
삼성화재해상보험(주)	88,802,052	1.49%	-	-	-

● 버틀러에서 확인한 삼성전자의 주주 현황

유명한 투자의 대가들이 보유한 종목을 분석하는 것만으로도 꽤 큰 도움이 됩니다. 주요 기관 투자자의 포트폴리오 변화를 통해 시장 트렌드를 예측할 수 있으며 새로운 투자 아이디어를 얻을 수 있습니다. 대량 매수·매도를 확인해 위험도를 낮출 수 있습니다. 다만 13F는 45일의 시차가 있고 공매도 포지션 등은 포함되지 않는다는 한계가 있기 때문에 다른 정보과 함께 종합적으로 분석할 필요가 있습니다.

나만의 배당주 포트폴리오

배당주에 투자하기로 마음먹었다면 이제 방향성에 대해 고민할 차례입니다. 누군가는 S&P500을 추종하는 ETF만 사면 충분하다고 주장할지 모릅니다. 안정적인 투자를 지향한다면 틀린 말은 아닙니다. 그러한 ETF 투자도 좋지만, 만일 자신만의 배당주 포트폴리오를 구성하고 싶다면 이제부터 소개할 몇 가지 아이디어에 주목하기 바랍니다. 1~2가지 ETF에 의존하는 것이 아니라 자신만의 투자 전략을 세우고 싶다면 이번 챕터가 큰 도움이 될 것입니다.

사계절 포트폴리오 미국형 vs. 한국형

우선 사계절 포트폴리오에 대해 알아봅시다. 세계 최대 헤지펀드 중 하나인 브리지워터 어소시에이츠를 설립한 레이 달리오가 1996년 개발한 자산배분 전략 중 하나입니다. 일명 '올웨더 전략'이라고 불리는 사계절 포트폴리오는 다양한 경제 상황에서도 안정적인 투자 수익을 얻는 것을 목적으로 한 분산 투자기법입니다. 이름 그대로 어떤 날씨(시황)에서도 하락률을 최소화하면서 성과를 얻는 것을 목적으로 합니다. 자산배분의 큰 줄기는 다음과 같습니다.

미국 상장 ETF로 구성한 사계절 포트폴리오

비중	티커	ETF명	투자 자산	배당률(2023년)
30%	VTI	Vanguard Total Stock Market	미국 주식	1.80%
40%	TLT	iShares 20+ Year Treasury Bond	미국 장기채권 (20년 이상)	3.41%
15%	IEI	iShares 3-7 Year Treasury Bond	미국 중기채권 (3~7년)	2.43%
7.5%	DBC	Invesco DB Commodity Index Tracking Fund	원자재	4.42%
7.5%	GLD	SPDR Gold Shares	금	0.00%

사계절 포트폴리오: 주식(30%)+장기채권(40%)+중기채권(15%)+금(7.5%)+원자재(7.5%)

사계절 포트폴리오대로 미국 상장 ETF를 담아볼까요? 예시대로 포트폴리오를 구성하면 채권이 포함된 덕분에 2023년 기준 2.6%의 배당 수익을 얻을 수 있습니다. 포트폴리오를 보면 한국 투자자에게도 익숙한 TLT가 눈에 띕니다.

사계절 포트폴리오는 다른 전략 대비 얼마나 효과적이었을까요? 2003년 이후부터 지금까지의 성과를 비교해보겠습니다. 비교군은 60/40 포트폴리오(주식 60%, 채권 40%), S&P500입니다. 사계절 포트폴리오의 경우 과거에는 S&P500보다도 뛰어난 수익률을 자랑했지만 2017년부터 오늘날까지 이어진 빅테크 기업들의 성장세로 인해 최근에는 S&P500보다 낮은 성과를 기록하고 있습니다.

수익률만 놓고 비교하면 S&P500이 우월해 보이지만 사계절 포트폴리오의 가장 큰 장점은 '안정적인 투자'가 가능하다는 데 있습니다. 최근 20년간 MDD*는 -19.27%로 -50.07%인 S&P500보다 훨씬 안정적인 모습을 보였습니다. MDD가 좋다는 것은 하락기에도 비교적 안전하게 버틸 수 있다는 뜻입니다. 오히려 저는 S&P500보다 성과가 안 좋았기 때문에 긍정적인 부분도

3가지 포트폴리오의 성과 비교

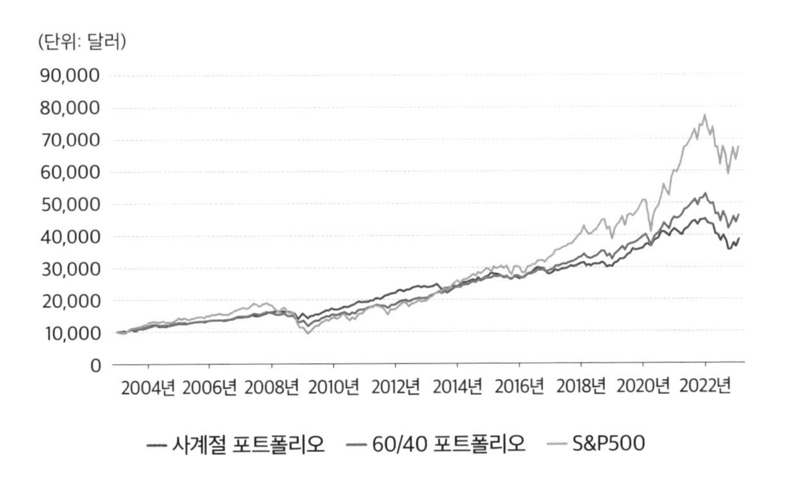

사계절 포트폴리오 vs. 60/40 포트폴리오 vs. S&P500

포트폴리오	연평균 성장률	연 수익률(최고)	연 수익률(최악)	MDD
사계절 포트폴리오	6.95%	18.36%	-19.27%	-19.27%
60/40 포트폴리오	7.91%	22.01%	-17.01%	-26.89%
S&P500	9.95%	32.18%	-37.02%	-50.07%

*2003년부터 2023년까지의 성과 비교

있다고 생각합니다. 기술주 중심의 시장은 10년 넘게 호황기입니다. 이제 가치주로 순환매가 될 시기도 얼마 남지 않았습니다.

이번에는 이른바 한국형 사계절 포트폴리오에 대해 알아볼까

여기서 잠깐!

MDD: 'MDD(Maximum draw down)'란 전고점 대비 하락률을 의미한다. MDD를 비교함으로써 자신의 위험 감수 능력에 맞는 포트폴리오를 선택할 수 있다. 예를 들어 MDD의 낙폭이 클수록 높은 변동성을 가지고 있다고 해석할 수 있다.

요? 한국형 사계절 포트폴리오는 세금 혜택을 누릴 수 있어 절세가 용이하단 장점이 있습니다. 연금저축과 IRP를 활용해 한국형 사계절 포트폴리오를 운영하면 매년 최대 148만 5천 원을 아낄 수 있습니다.

연금저축, IRP 세액공제율과 한도

(단위: 원)

총급여액 (종합소득금액)		5,500만 원 이하 (4,500만 원 이하)	5,500만 원 초과 (4,500만 원 초과)
세액공제율		16.5%	13.2%
공제 대상 저축액	연금저축	6,000,000	6,000,000
	IRP 합산	9,000,000	9,000,000
최대 절세액	연금저축	990,000	792,000
	IRP 합산	1,485,000	1,188,000

자료: NH투자증권 100세시대연구소

국내 상장 ETF로 구성한 사계절 포트폴리오

대분류	소분류	비중	목표 비중	ETF명	종목코드
주식	미국 주식, 미국 중기채권	50%	33%	KODEX 200미국채혼합	284430
	미국 주식		9%	KODEX 미국S&P500TR	379800
	미국 주식		8%	KODEX 미국나스닥100TR	379810
채권	미국 장기채권	30%	30%	PLUS 미국장기우량회사채	332620
실물	미국 리츠	20%	12.5%	TIGER 미국MSCI리츠 (합성 H)	182480
	금		7.5%	ACE KRX금현물	411060

이왕 안정적으로 장기 투자할 계획이라면 연금저축과 IRP를 활용하기를 권합니다. 물론 미국에 상장된 ETF를 살 수 없다는 단점이 있지만, 국내에 상장되어 있는 ETF만으로도 사계절 포트폴리오를 구성할 수 있습니다. 비율을 완벽하게 따라갈 순 없지만 6개 ETF를 활용해 주식(KODEX 200미국채혼합, KODEX 미국S&P500TR, KODEX 미국나스닥100TR), 채권(PLUS 미국장기우량회사채), 실물(TIGER 미국MSCI리츠(합성H), ACE KRX금현물)의 비율을 조정했습니다.

레이 달리오의 사계절 포트폴리오보다 주식 비중을 좀 더 올리고, 원자재가 아닌 리츠를 택하는 방식입니다. 주식의 비중이 올라간 이유는 'KODEX 200미국채혼합'에 채권이 포함되어 있기 때문입니다. 일정한 시기에 추가금을 투입해 정해진 목표 비중에서 부족한 수량을 채우면 됩니다. 만약 세제 혜택을 누리고 안정적으로 투자하면서 노후 대비까지 하고 싶다면 이렇게 한국형 사계절 포트폴리오를 꾸준히 운영하는 것도 한 방법입니다.

최악의 섹터로 만든 최고의 포트폴리오

특정 지수를 추종하는 ETF가 아닌 개별 종목들로 포트폴리오를 구성하는 방법도 있습니다. 아무리 좋은 배당주라도 한 번이라도 배당을 삭감하면 주가는 급락하게 됩니다. 그래서 계란을 한 바구니에 담는 것은 위험합니다. 그럼 유망한 섹터는 어떻게 찾을 수 있을까요? 제가 추천하는 방법은 최근 3년간의 섹터별 수익률을 확인하는 것입니다. 앞서 소개한 '노벨 인베스터'를 이용하면 됩니다.

주식시장에서 영원한 승자는 존재하지 않습니다. 지금 최고의 종목이 그다음 해에 최악의 종목이 될지는 아무도 모릅니다. 그렇기에 과거 최악의 성과를 자랑한 섹터에 꾸준히 관심을 가질 필요가 있습니다. 2018~2020년까지 에너지 섹터는 3년 연속 최악의 성과를 기록했지만, 2021~2022년 2년 연속으로 최고의 섹

S&P 500 Sector Performance

2009	2010	2011	2012	2013	2014	2015	2016	2017	2018	2019	2020	2021	2022	2023	YTD
INFT 61.7%	REAL 32.3%	UTIL 19.9%	FINL 28.8%	COND 43.1%	REAL 30.2%	COND 10.1%	ENRS 27.4%	INFT 38.8%	HLTH 6.5%	INFT 50.3%	INFT 43.9%	ENRS 54.6%	ENRS 65.7%	INFT 57.8%	UTIL 30.6%
MATR 48.6%	COND 27.7%	CONS 14.0%	COND 23.9%	HLTH 41.5%	UTIL 29.0%	HLTH 6.9%	TELS 23.5%	MATR 23.8%	UTIL 4.1%	TELS 32.7%	COND 33.3%	REAL 46.2%	UTIL 1.6%	TELS 55.8%	INFT 30.3%
COND 41.3%	INDU 26.7%	HLTH 12.7%	REAL 19.7%	INDU 40.7%	HLTH 25.3%	CONS 6.6%	FINL 22.8%	COND 23.0%	COND 0.8%	FINL 32.1%	TELS 23.6%	FINL 35.0%	CONS -0.6%	COND 42.4%	TELS 28.8%
REAL 27.1%	MATR 22.2%	REAL 11.4%	TELS 18.3%	FINL 35.6%	INFT 20.1%	INFT 5.9%	INDU 18.9%	FINL 22.2%	INFT -0.3%	S&P 31.5%	MATR 20.7%	INFT 34.5%	HLTH -2.0%	S&P 26.3%	S&P 22.1%
S&P 26.5%	ENRS 20.5%	TELS 6.3%	HLTH 17.9%	S&P 32.4%	CONS 16.0%	REAL 4.7%	MATR 16.7%	HLTH 22.1%	REAL -2.2%	INDU 29.4%	S&P 18.4%	S&P 28.7%	INDU -5.5%	INDU 18.1%	FINL 21.9%
INDU 20.9%	TELS 19.0%	COND 6.1%	S&P 16.0%	INFT 28.4%	FINL 15.2%	TELS 3.4%	UTIL 16.3%	S&P 21.8%	S&P -4.4%	REAL 29.0%	HLTH 13.5%	MATR 27.3%	FINL -10.5%	MATR 12.6%	INDU 20.2%
HLTH 19.7%	S&P 15.1%	ENRS 4.7%	INDU 15.4%	CONS 26.1%	S&P 13.7%	S&P 1.4%	INFT 13.9%	INDU 21.0%	CONS -8.4%	COND 27.9%	INDU 11.1%	HLTH 26.1%	MATR -12.3%	REAL 12.4%	CONS 18.7%
FINL 17.2%	CONS 14.1%	INFT 2.4%	MATR 15.0%	MATR 25.6%	INDU 9.8%	FINL -1.5%	S&P 12.0%	CONS 13.5%	TELS -12.5%	CONS 27.6%	CONS 10.8%	COND 24.4%	S&P -18.1%	FINL 12.2%	HLTH 14.4%
CONS 14.9%	FINL 12.1%	S&P 2.1%	INFT 14.8%	ENRS 25.1%	COND 9.7%	INDU -2.5%	COND 6.0%	UTIL 12.1%	FINL -13.0%	UTIL 26.4%	UTIL 0.5%	TELS 21.6%	REAL -26.1%	HLTH 2.1%	REAL 14.3%
ENRS 13.8%	INFT 10.2%	INDU -0.6%	CONS 10.8%	UTIL 13.2%	MATR 6.9%	UTIL -4.8%	CONS 5.4%	REAL 10.9%	INDU -13.3%	MATR 24.6%	FINL -1.7%	INDU 21.1%	INFT -28.2%	CONS 0.5%	MATR 14.1%
UTIL 11.9%	UTIL 5.5%	MATR -9.6%	ENRS 4.6%	TELS 11.5%	TELS 3.0%	MATR -8.4%	REAL 3.4%	ENRS -1.0%	MATR -14.7%	HLTH 20.8%	REAL -2.2%	CONS 18.6%	COND -37.0%	ENRS -1.3%	COND 13.9%
TELS 8.9%	HLTH 2.9%	FINL -17.1%	UTIL 1.3%	REAL 1.6%	ENRS -7.8%	ENRS -21.1%	HLTH -2.7%	TELS -1.3%	ENRS -18.1%	ENRS 11.8%	ENRS -33.7%	UTIL 17.7%	TELS -39.9%	UTIL -7.1%	ENRS 8.4%

● 섹터별 성과

자료: 노벨 인베스터

터가 되었습니다. 만일 2020년에 에너지 관련 고배당주에 투자했다면 10% 넘는 배당을 누렸을 것입니다.

예를 들어 저는 2021년 말 에너지 트랜스퍼라는 미국의 원유 파이프라인 운송기업에 투자했습니다. 주가가 최악이었던 2020년에 투자했다면 좋았겠지만 해당 섹터가 회복세에 접어들었다는 확신이 필요했습니다. 처음에는 배당률이 곤두박질쳤지만 이후 주가가 회복되면서 매수가 기준 배당률 14%를 달성한 효자종목이 되었습니다.

그렇다면 지금 주목해야 할 섹터는 어디일까요? 2가지로 예상해볼 수 있습니다. 2023년 최악의 섹터였던 유틸리티(-7.1%)와 최근 15년 평균 수익률 꼴찌인 리츠(-2.5%)입니다. 유틸리

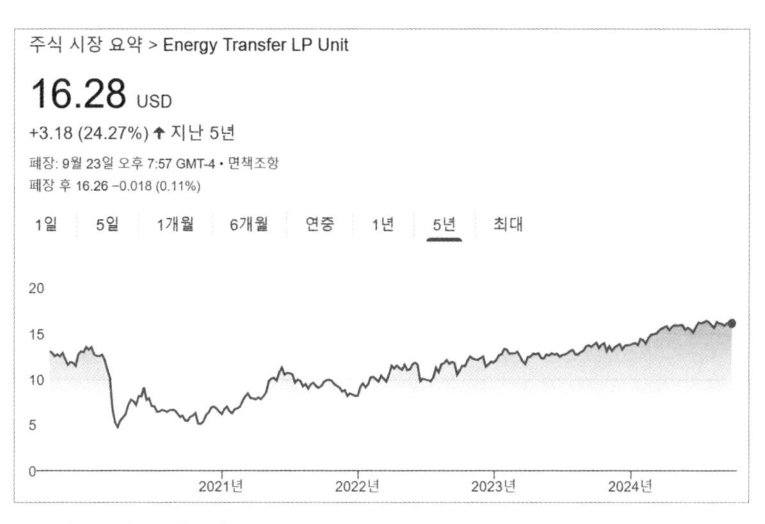

● 에너지 트랜스퍼의 주가

자료: Google Finance

티 섹터 시가총액 상위 기업인 넥스트 에라에너지, 서던, 듀크에너지를 주목해봅시다. 2024년 9월 기준 배당률은 각각 2.49%, 3.21%, 3.59%입니다. 3개 종목 모두 꾸준히 성장하고 있지만 최근 5년간 성과는 10~40% 수준으로 S&P500보다 훨씬 떨어지는 수준입니다.

이어서 리츠는 어떨까요? 국내외 할 것 없이 최악의 섹터가 리츠라는 데는 많은 분이 동의할 것입니다. 최근 미국 상업용 부동산 공실률이 올라가면서 과거 대비 70% 이상 저렴하게 판매되는 경우도 허다합니다. 국내도 수익형 부동산 부문은 고비를 면치 못하고 있습니다. 저는 그렇기에 관심을 가져야 한다고 봅니

전체 | 코스피 | 코스닥

종목명	현재가	기준월	배당금	수익률 (%)	배당성향 (%)	ROE (%)	PER (배)	PBR (배)	과거 3년 배당금		
									1년전	2년전	3년전
한국패러랠	234	23.12	2,168	926.50	-	-	-	-	390	90	235
스타에스엠리츠	2,775	23.12	961	34.63	220.22	5.24	26.77	1.51	1,572	200	150
에이블씨엔씨	7,320	24.04	1,427	19.50	605.02	6.05	28.98	2.01	0	0	0
예스코홀딩스	45,400	23.12	8,750	19.27	157.91	4.99	8.38	0.30	2,500	2,250	2,000
신한알파리츠	6,380	24.03	828	12.98	727.40	1.68	76.30	1.14	372	352	302
NH프라임리츠	4,535	24.05	540	11.91	77.12	3.29	23.77	0.76	246	233	244
제이알글로벌…	3,605	24.06	390	10.82	-	-	-	-	380	366	330
하나투어	48,250	24.04	5,000	10.36	164.69	32.03	17.77	4.74	0	0	0
마스턴프리미…	2,350	24.03	239	10.17	-20.96	-9.01	-7.18	0.72	263	-	-
SK디앤디	8,640	23.12	800	9.26	17.22	14.13	6.92	0.94	800	800	600
현대엘리베이	43,600	23.12	4,000	9.17	45.28	26.15	5.52	1.25	500	800	800
케이탑리츠	1,043	23.12	95	9.11	39.00	11.85	4.21	0.48	108	38	77
미래에셋맵스…	3,140	24.05	285	9.08	207.23	1.91	40.84	0.77	283	265	279
일성아이에스	16,570	23.12	1,500	9.05	-48.82	-5.04	-15.02	0.42	4,000	150	150
KB스타리츠	4,390	24.01	376	8.56	37.34	10.56	7.70	0.87	165	-	-

● 국내 코스피 고배당주 상위 15개 종목 자료: 네이버페이 증권

다. 부동산이라는 게 일시적인 공실은 가능하겠지만 완전히 없어질 수 있나요? 지진이 난다거나, 지역 상권 전체가 무너지는 수준이 아니라면 결국은 회복합니다.

만약 리츠에 투자해야 할 단 하나의 이유를 말하라면 저는 '배당률'에 있다고 생각합니다. 국내 코스피 고배당주 상위 15종목 중 과반이 리츠입니다. 과거에는 금융기업(금융지주, 증권, 카드, 보험)이 상위권을 차지했다면 최근에는 리츠 섹터가 주가 하락으로 배당률이 높아진 모습입니다. 공실률이 낮고 임차인이 우량함에도 같은 섹터라는 이유로 함께 떨어진 종목도 있기 때문에 지금이 투자 적기라고 생각합니다.

최고의 종목에 투자하는 모멘텀 전략도 좋지만 길게 본다면

최악의 섹터에 투자하는 전략도 유효합니다. 어차피 지금도 최악인데 얼마나 더 떨어질까요?

물론 바닥 밑에 지하가 있다는 말도 있지만 그럴 때는 배당을 받으면서 꾸준히 버티기만 하면 됩니다. 여러분의 포트폴리오 일부를 이렇게 최악의 섹터로만 구성하면 평균 배당률은 크게 올라갈 것입니다. 그다음 할 일은 올라갈 때까지 꾸준히 배당을 받으며 기다리는 것이 전부입니다.

퀀트 투자 활용하기

데이터에 기반한 퀀트투자*를 활용하는 방법도 있습니다. 어떤 종목을 고를지 모르겠다면 특정한 데이터와 규칙에 근거해 기계적으로 투자하는 전략입니다. 쉽게 말해 '국내 고배당주 상위 20개 종목에 각각 100만 원씩 투자하기'와 같은 방식입니다. 월별 혹은 분기별로 반복해서 상위 20개 종목에서 빠진 종목은 매도하고, 신규로 포함된 종목은 매수하며 포트폴리오를 조정합니다. 물론 실전에서는 이러한 단순한 전략을 쓰기보다는 보다 복잡다단한 전략을 바탕으로 백테스팅 작업을 반복합니다.

여기서 잠깐!

퀀트투자: 수학적 모델과 컴퓨터 알고리즘을 사용해 투자 결정을 내리는 방식으로, 감정을 배제하고 데이터에 기반한 객관적인 투자라는 장점이 있다. 통계학과 수학에 기반한 정량적인 투자 전략을 일컫는다.

예를 들면 이런 식입니다. 전체 종목에서 다음의 지표를 적용해 순위를 매깁니다.

1. 배당률(내림차순)
2. 배당성향(오름차순)
3. PER(오름차순)
4. PBR(오름차순)
5. 매출성장률(오름차순)
6. 시가총액 상위 1천 개 기업 대상

퀀트투자 관련 사이트나 증권사 HTS를 통해 손쉽게 종목을 나열해볼 수 있습니다. 6번 변수를 반영하면 시가총액에 따라 1천 개 종목이 나열될 것입니다. 1위에게 1천 점, 2위에게 999점을 주면서 점수대로 나열하고, 같은 방식으로 1~5번 변수에 따라

점수를 매겨 종합합니다. 해당 방식을 적용하면 배당률은 높고, 배당성향은 낮은 고배당주 중에서 PER·PBR이 낮은 저평가주이자 매출이 지속적으로 성장하는 중견기업 이상의 기업을 고를 수 있습니다. 이런 식으로 종목을 고르면 꽤 높은 수익이 나올 것 같죠? 실제로 퀀트투자는 성과가 좋지만 재미없다는 의외의 이유로 인기가 없습니다.

다만 퀀트투자의 수익률을 너무 맹신하면 안 됩니다. 당연한 이야기지만 과거의 수익률이 미래의 수익을 보장하진 않기 때문입니다. 퀀트투자는 어디까지나 백테스팅을 통해 과거를 기준으로 성과를 예측합니다. 미래에도 그 성과가 유지될 것이라는 보장은 어디에도 없습니다. 세상에 완벽한 투자법은 존재하지 않습니다. 세상이 바뀌면 트렌드도 따라서 바뀝니다. 사계절 포트폴리오의 최근 10년 성과가 S&P500에 역전된 것과 마찬가지 이유입니다.

계란
나눠 담기

분산 투자의 중요성은 아무리 강조해도 지나치지 않습니다. 과거 저는 배당주 포트폴리오를 구성할 때 고배당주 상위 20개 종목에 각각 400만 원씩 투자하는 전략을 실천한 바 있습니다. 8천만 원이라는 거금을 한 번에 썼으니 큰 모험을 한 셈입니다. 2019년 12월에 이런 방식으로 국내 고배당주 20개를 매수했고, 아직까지도 보유 중인 종목이 있습니다. 최근에는 리츠가 상위권에 있지만 당시에는 금융주가 고배당 목록에 대거 포함되어 있었습니다. 금융 섹터가 저평가 상태였기 때문입니다.

안정적인 6~7% 수준의 배당 수익을 확보하고자 400만 원씩 나눠서 투자한 전략은 겉으로 보기에는 합리적이고 안전해 보였습니다. 배당률이 높은 기업은 일반적으로 안정적인 기업이고, 20개 종목으로 분산했기 때문에 위험도를 낮춘 것처럼 보였습니다. 그러다 2020년 초, 예상치 못한 코로나19 팬데믹이 전 세계를 강타했습니다. 주식 시장은 급격히 하락했고, 특히 금융 섹터가 가장 큰 타격을 받았습니다. 불과 수개월 만에 많은 종목의 가치가 반토막 났고, 일부 기업은 배당을 삭감하거나 중단하기도 했습니다.

종목의 개수가 중요한 것이 아니었습니다. 섹터를 충분히 분산해서 투자하지 않았기 때문에 위기에 취약할 수밖에 없었죠. 글로벌 경제에는 우리가 예상할 수 없는 문제가 가끔 발생합니다. 2020년에는 코로나19가 터졌고, 2021년에는 수에즈 운하가 막혔고, 2022년에는 러시아·우크라이나 전쟁이 일어났습니다. 특정 섹터에 대한 강한 확신이 있다면 모르겠지만, 그게 아니라면 포트폴리오를 짤 때 여러 섹터에 분산 투자해야 합니다.

섹터 분류에는 여러 방식이 있지만 일반적으로 글로벌산업분류기준(GICS)*에 따라 11개 섹터로 구분합니다. 11개 섹터는 차례대로 에너지(Energy), 소재(Materials), 산업재(Industrials), 임의소비재(Consumer Discretionary), 필수소비재(Consumer Staples), 헬스케어(Health Care), 금융(Financials), 정보기술(Information Technology), 통신서비스(Communication Services), 유틸리티(Utilities), 부동산(Real Estate)입니다.

여기서 잠깐!

글로벌산업분류기준(GICS): 글로벌산업분류기준(GICS; Global Industry Classification Standard)이란 1999년 MSCI와 S&P가 공동으로 개발한 산업 분류 체계로, 글로벌 주식 시장을 11개의 섹터로 구분한다. 각 섹터의 특징과 동향을 이해해야 하며, 내가 투자한 기업이 어느 섹터의 산업에 속하는지 모르고 투자하는 것은 지양해야 한다.

글로벌산업분류기준을 감안해 포트폴리오를 짜볼까요? 배당을 고려해 S&P500에서 11개 섹터의 대표 종목을 선택하면 다음과 같습니다.

1. 유틸리티(15%): 넥스트에라 에너지(NEE)
2. 부동산(15%): 리얼티 인컴(O)
3. 에너지(10%): 엑슨 모빌(XOM)
4. 소비재(10%): 프록터 & 갬블(PG)
5. 금융(10%): 제이피모간체이스(JPM)
6. 헬스케어(10%): 존슨앤드존슨(JNJ)
7. 소재(7%): 다우(DOW)
8. 통신서비스(7%): AT&T(T)
9. 산업재(6%): 쓰리엠(MMM)
10. 정보기술(5%): 마이크로소프트(MSFT)
11. 임의소비재(5%): 맥도널드(MCD)

과거에는 배당이 없기로 유명한 정보기술 섹터에서도 마이크로소프트, 애플 등 유명 기업은 배당을 지급합니다. 해당 포트폴리오의 장점은 안정성에 있습니다. 2024년 8월 글로벌 주식 시장이 요동칠 때 유일하게 리츠의 주가는 떨어지지 않았습니다. 다른 종목이 7% 이상 하락하는 와중에도 리츠의 대표주자 리얼티 인컴은 오히려 상승했습니다. 만약 특정 섹터에만 몰두했다면 고스란히 보유 자산이 하락했겠지만 섹터 분산을 통해 이를 완화할 수 있습니다.

다시 한번 S&P500의 섹터별 수익률을 확인해봅시다. 어떤 섹터가 가장 최악이었나요? 혹은 어떤 섹터가 가장 수익률이 좋았나요? 내가 유망하다고 생각하는 일부 섹터와 최근 과도하게 하락했다고 생각하는 섹터를 묶어 4~5개 정도에 분산 투자하는 것을 권합니다.

만약 본인이 특정 업계에서 일하고 있다면 내가 일하고 있는 업계 사정만큼은 남들보다 좀 더 잘 알겠죠. 만약 통신기술 업종

주식쇼퍼의 섹터별 분산 투자 비중

업종별		비중
금융	Financials	74.0%
통신서비스	Telecommunication Services	11.4%
리츠	Real Estate	5.5%
정보기술	Information Technology	2.9%
임의소비재	Consumer Discretionary	2.3%
산업재	Industrials	1.2%
필수소비재	Consumer Staples	1.0%
에너지	Energy	1.0%
헬스케어	Healthcare	0.0%
소재	Materials	0.0%
유틸리티	Utilities	0.0%
시장지수	Market Index	0.7%

에서 근무한다면 최신 트렌드를 가장 빨리 접할 것이고, 에너지 업종에 있다면 관련 정보에 빠삭할 것입니다. 자신이 속한 섹터의 업계 전망을 살펴보면서 해당 섹터의 비중을 달리하는 것도 한 방법입니다.

참고로 저는 금융에 대해서는 남들보다는 '조금' 더 잘 알고, 유행에 뒤처지는 편이라 임의소비재는 남보다 '덜' 알고 있습니다. 그러면서 지난 몇 년간 하락폭이 심했던 금융, 통신서비스, 부동산을 눈여겨보고 있었기 때문에 예시와 같은 비중으로 포트폴리오를 운용하고 있습니다.

과거에는 헬스케어가 저평가 구간이라 판단해 암젠, 애브비와 같은 종목도 보유했지만, 주가가 오르면서 전부 매도한 상태입니다. 그렇다고 저의 섹터별 비중을 따라 할 필요는 없습니다. 이 책이 출간될 쯤엔 금융 섹터의 비중은 많이 줄어 있을 테니까요. 저는 앞으로도 '지금' 최고인 종목을 매도하고, 최악인 종목을 매수하면서 계속해서 분산 투자를 이어갈 계획입니다.

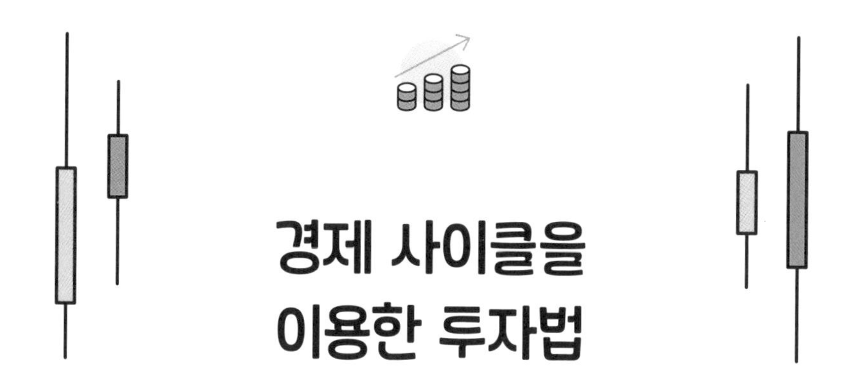

경제 사이클을 이용한 투자법

주식 시장은 각종 지수와 값이 숫자로 표시되니 얼핏 보면 과학적으로 보입니다. 그러나 그 숫자에는 인간의 감정이 개입되어 있습니다. 인간의 욕구와 공포는 과학적이지 않고 불규칙적이므로 주식 시장은 예측이 어렵습니다. 지금 전 세계 주식 시장은 어떤 상황이고, 어떤 시점을 지나고 있을까요? 보통 10년 주기로 위기와 호황이 반복된다고 합니다. 인간은 동일한 실수를 반복하고 10년이면 과거의 기억을 망각하기 충분합니다. 이러한 경제 사이클을 기반으로 시장의 큰 줄기를 예측하는 방법이 있습니다.

피델리티 경제 사이클

피터 린치의 마젤란 펀드로 유명한 피델리티는 매분기 전 세계 주요국의 경제 사이클이 어디에 위치해 있는지 발표하고 있습니다. 2024년 2분기 기준으로 중국은 경기 저점을 지나고 회복하기 시작했으며, 나머지 국가는 침체기를 향해 달려가는 모습입니다. 미국보다 한국, 일본, 유럽이 먼저 저점을 찍을 것으로 예상됩니다.

잠깐 다른 이야기를 하자면, 피델리티는 피터 린치의 마젤란 펀드로 유명한 자산운용사입니다. 월스트리트의 전설적인 투자자 중 한 명인 피터 린치는 1977년부터 13년간 마젤란 펀드를 운영했고, 연평균 29.2%라는 전설적인 기록을 만들어내면서 워

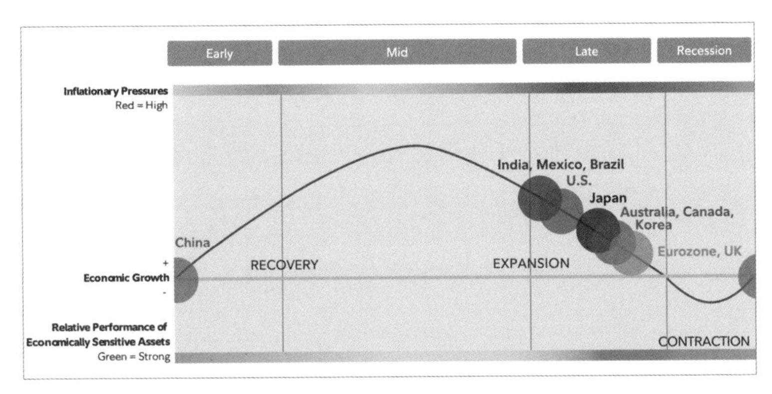

● 2024년 2분기 주요국 경제 사이클 자료: 피델리티

런 버핏과 어깨를 나란히 합니다. 1977년이면 피터 린치의 나이 33세입니다. 33세부터 펀드매니저로서 두각을 드러냈으니 역시 전설적인 인물은 시작부터 다릅니다. 29.2%라는 놀라운 수치를 어떻게 달성했는지 살펴보면 투자의 힌트를 얻을 수 있을지 모르겠습니다. 그는 워런 버핏과 마찬가지로 '자기가 이해할 수 있는 기업'에 투자했다고 합니다. 피터 린치는 당시 뜨거웠던 첨단기술 관련주보다는 포드, 크라이슬러, 던킨도너츠와 같은 스스로 분석하고 이해할 수 있는 기업에 투자했습니다.

다시 돌아와서, 미국과 한국의 경제 사이클을 좀 더 자세히 살펴보겠습니다. 미국은 여전히 경제 확장 시기가 끝나지 않았지만 조만간 침체기에 접어들 것으로 보입니다. 인플레이션과 금리 인상이 끝나고 금리 하락이 시작된다는 것은 그만큼 경기가 나빠졌다는 뜻입니다.

코로나19 이후 미국 가계의 높았던 저축액은 줄어들기 시작하고 소비가 진정되고 있습니다. 여전히 실업률은 견고히 유지되고 있지만 주택, 제조업, 신용 부문 등의 선행지표는 성장 둔화를 예고하고 있습니다. 그럼 한국은 어떨까요?

미국과 큰 차이는 없지만 좀 더 경기 하락에 가까워진 상태입니다. 중국이 가장 빠르게 하락했고 이어서 한국, 일본이 기다리고 있습니다. 만약 이 사이클대로 상황이 흘러간다면 우리나라 주

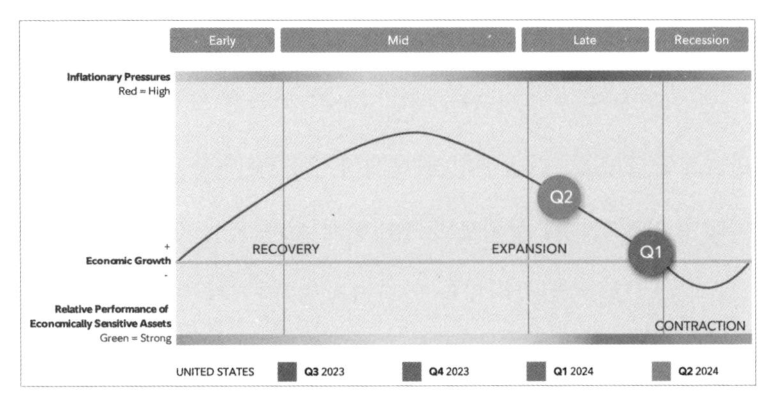

● 2024년 2분기 미국 경제 사이클 자료: 피델리티

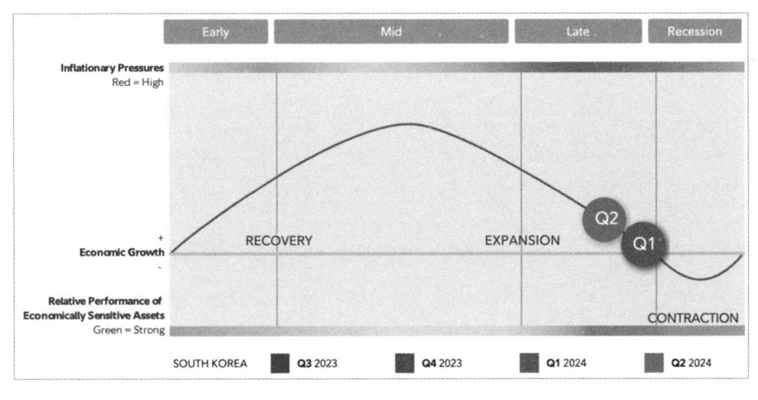

● 2024년 2분기 한국 경제 사이클 자료: 피델리티

식이 미국 주식보다 빨리 떨어질 가능성이 있습니다. 매도 먼저 맞는 게 좋은 걸까요?

여기 재밌는 자료가 있습니다. 1960년부터 2019년까지의 데이터를 기반으로 경제 사이클에 따른 섹터별 성과를 측정한 자료입니다. 이 기간 동안 7번의 경기 침체, 7번의 경기 회복, 12번의 경

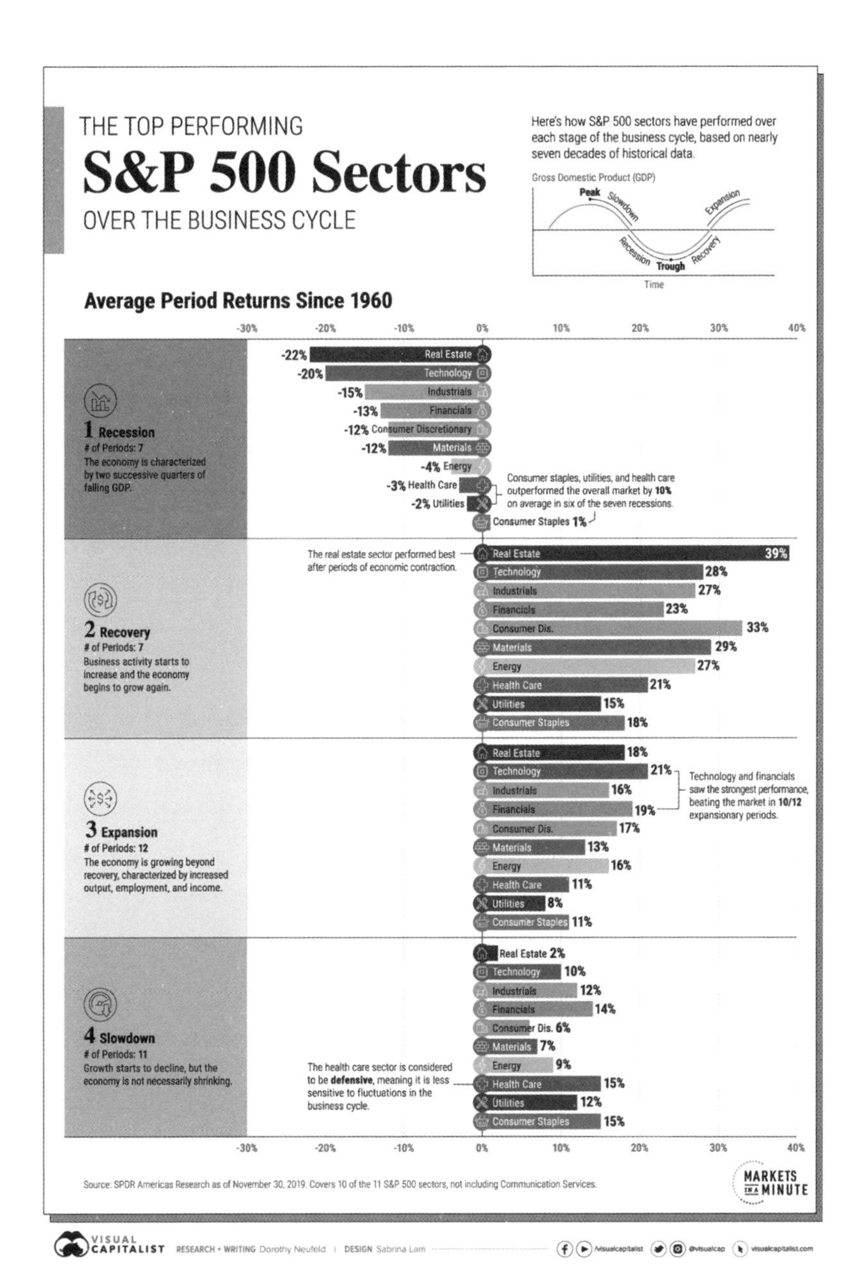

● 경제 사이클에 따른 섹터별 성과 자료: Visual Capitalist

기 확장, 11번의 경기 둔화 시기가 있었습니다. 만약 1960년 이후 지금까지 투자한 분이 있다면 이 모든 역사와 함께 했을 것입니다. 2019년까지이기 때문에 코로나19 이후의 통계는 빠져 있습니다.

만약 지금이 어떤 시기인가를 확신할 수 있다면 부동산(리츠)에 관심을 가질 필요가 있습니다. 경제 후퇴기에 가장 많이 하락하고(-22%), 반대로 회복기에 가장 많이 상승하는(+39%) 섹터이기 때문이죠. 반면 가장 꾸준하게 성과를 낸 섹터는 필수소비재입니다. 경제 후퇴기에 유일하게 상승하는 이유는 아무래도 의식주는 경제 상황과 관련 없이 중요하기 때문입니다. 이런 관점에서 저는 최근 꾸준히 리츠 관련주를 매수하는 중입니다.

증시 사계절론

미국에 피델리티와 피터 린치가 있었다면, 일본에는 우라가미 구니오가 있습니다. 그는 1990년대 『주식시장 흐름 읽는 법』이라는 책을 발표하면서 주식 시장을 사계절에 비유하며 정립한 사계절론을 발표합니다. 그는 개별 종목에 대한 분석보다는 일단 거시경제에 주목해야 하며, 인간의 심리는 시간이 아무리 흘러도 변하지

우라가미 구니오의 사계절론

계절	내용	금리	경제지표, 기업 실적	주가	대중	인지론자 (선구자)
봄 (금융 장세)	내외부 요인으로 경기 침체 도래. 정부는 경기 부양을 위해 재정정책 시행 및 기준금리 인하. 정책 기대감에 힘입어 불경기에도 불구 주가 상승	↓	↘	↑	매도	소량 매수
중간 반락	상승 피로감에 따른 일시적 하락				매수·매도	매수
여름 (실적 장세)	정부의 통화정책, 재정정책에 힘입어 실물경제 회복. 채권금리가 경기 회복으로 상승했음에도, 기업의 실적 회복이 금리 상승폭을 상회해 지속적인 금리 상승세 유지. 일부 업종이 초기 상승세 주도(언택트, 제약·바이오, 반도체 등). 이후 순환매 장세에 접어들어 경기민감주 키 맞추기 현상(기계, 자동차 등)	↗	↑	↗	매수	매도
가을 (역금융 장세)	경기 과열과 과도한 주가 상승으로 인플레이션 발생. 기업들의 실적 성장세 둔화와 외부 경제 쇼크 가능성 증가. 중앙정부의 인플레이션 통제를 위한 기준금리 인상 등 통화 긴축정책 시행. 일부 우량주, 가치주 제외한 주가 하락 시작	↑	→	↘	매수	매도
중간 반등	반발 매수세에 따른 일시적 반등				매수·매도	매수
겨울 (역실적 장세)	강세장은 서서히 진행되나 약세장은 '태풍처럼' 엄습. 기업 실적 하락과 지속적인 주가 하락으로 채권금리 하락 시작. 주가는 생산활동 위축, 경기 침체 우려로 하락세 지속. 외부 충격 요인이 발생할 경우 시장 공포 확산으로 주가 급락	↘	↓	↓	매수	매수

자료: 『주식시장 흐름 읽는 법』, 현대차증권 정리

않는다는 데 주목했습니다. 경기 상황에 따라 시장 변동성을 보면서 경기 순환에 따른 '일정한 패턴'을 찾아냈고, 이것이 반복적으로 움직이고 있다는 가설을 세웠죠.

우라가미 구니오는 1931년생으로 제2차 세계대전 당시 패전한 독일의 국채를 매입해 100배 이상의 시세차익을 거둔 것으로 유명해졌습니다. 이후 일본 테크니컬 애널리스트 협회장을 역임했죠. 우라가미 구니오는 시황이 특정 주기에 따라 변화한다고 믿었습니다. 그의 이론에 따르면 주식 시장은 '금융장세' '실적장세' '역금융장세' '역실적장세' 4가지로 나뉩니다. 이 4가지가 자연의 사계절처럼 순환한다는 것이 그의 이론입니다. 간단하게 요약해 보면 다음과 같습니다.

1. 금융장세(봄)

봄은 새로운 시작의 계절입니다. 금융장세에서도 마찬가지로 가장 힘든 시기가 끝나고 봄이 오듯이 정부의 경제 활성화 정책으로 주식 시장이 상승세로 전환됩니다. 경기가 어려워지면 정부는 금리를 낮춰 자금을 풀고 주가는 돈의 힘으로 상승합니다. 다만 전반적인 경기 회복이 시작되지는 않았기 때문에 주가와 기업의 펀더멘털 간 괴리가 발생하기도 합니다. 금리가 낮아져 자금 조달이 쉬워지면 기관 투자자도 적극적으로 주식을 매입합니다. 특히 은행, 증권, 가스, 전력, 항공, 공공서비스 등의 업종이 유망하다고 볼 수 있습니다.

2. 실적장세(여름)

여름은 실적장세의 계절입니다. 기관 투자자들의 투자세가 강해지고, 기업의 실적이 좋아질 때입니다. 가공산업 등의 업종이 상승하며 소비 활황과 함께 물가가 상승합니다. 시중에 돈이 많이 돌면서 금리 인상과 인플레이션 우려가 생기기 시작합니다. 화학, 철강 등의 소재산업이 상승하고, 후반부에는 산업용 기계와 전자제품의 강세가 지속됩니다.

3. 역금융장세(가을)

가을은 금리가 올라가며 전반적으로 주가가 하락하는 역금융장세입니다. 인플레이션으로 인해 기업의 실적은 좋을 수 있으나 주가는 그 반대의 흐름을 보입니다. 여기서 주의할 점은 개인 투자자가 주로 이 시기에 투자를 시작한다는 것입니다. 이유는 주가가 큰 폭으로 하락하면서 상대적으로 싸다고 느껴지기 때문입니다. 하지만 이후 '두 번째 천장' 혹은 '더블 탑'이라는 시기가 찾아옵니다. 이는 강세장의 종말을 암시하는 시점입니다. 보통 성장형 중소형주나 저PER주가 유망한 시기입니다.

4. 역실적장세(겨울)

마지막으로 겨울은 역실적장세입니다. 기업의 실적은 하락하고 전반적인 경기도 좋지 않아 투매가 이뤄지는 시기입니다. 역실적장세에서는 주가가 바닥을 찍지만 투자자들의 심리는 최악입니다. 투자를 꺼리며 전고점의 절반 이하로 주가가 떨어져도 많은 투자자가 매도를 선택합니다. 하지만 이 시기가 지나면 다시 봄인 금융장세로 돌아오게 됩니다. 힘든 시기이기 때문에 대형 우량주나 필수소비재 등의 종목이 우량하다고 합니다.

사계절론대로 시장이 100% 흘러가는 것은 아닙니다. 우라가미 구니오가 활약했던 시기가 1990년대임을 감안하고 봐야 합니다. 실제 경기는 아무도 정확히 예측할 수 없으며 변수가 가득합니다. 회색 코뿔소*는 생각보다 영향력이 작다는 걸 기억합시다.

여기서 잠깐!

회색 코뿔소: 지속적인 경고로 예상할 수 있는 위험임에도 쉽게 간과하는 요인을 말한다. 멀리서 천천히 다가오는 코뿔소처럼 눈에 잘 띄는 위험임에도 두려움 때문에 아무것도 하지 못하거나 애써 무시하는 것을 비유한 말이다. 2013년 1월 세계정책연구소 미셸 부커 대표이사가 다보스포럼에서 처음 발표한 개념이다.

“여러분이 거시경제에 14분을 쏟는다면 이 중 12분은 낭비한 셈입니다.”

피터 린치의 말입니다. 거시경제에 대한 예측은 어디까지나 이론일 뿐 모든 상황에 100% 맞는다고 생각하면 큰일입니다. 오크트리 캐피탈 매니지먼트의 공동 창립자 하워드 막스 역시 거시경제 예측이 불가능에 가깝다고 조언합니다. 그는 거시경제 예측은 순환논리에 의존하는데, 지금 일어나는 많은 일이 역사적으로 유일하거나 독특하므로 예측이 어렵다고 이야기합니다. 경제모델이 선례가 없는 일을 예측하기에는 한계가 있기 때문입니다.

핵심요약

- ISA에서 주식을 사서 배당금을 받으면 배당 소득 연 200만 원까지는 세금이 0원이 됩니다. 심지어 그 이상을 벌더라도 15.4%가 아닌 9.9%의 분리과세가 적용되기 때문에 투자금이 크면 클수록 많은 혜택을 누릴 수 있습니다.
- 미국 주식 투자자라면 환율은 중요하지 않습니다. 왜냐고요? 달러로 바꿔서 주식을 샀다면 한동안은 그 돈을 다시 원화로 환전할 일이 없어야 하기 때문입니다.
- 투자의 대가가 남긴 책에는 그들의 경험과 통찰이 담겨 있습니다. 복잡한 투자 철학과 방법론을 후대에 전달하는 가장 좋은 수단은 역시 책뿐입니다.

- 유명한 대가들의 포트폴리오가 궁금하다면 13F를 확인하면 됩니다.
- 내가 유망하다고 생각하는 일부 섹터와 최근 과도하게 하락했다고 생각하는 섹터를 묶어 4~5개 정도에 분산 투자하는 것을 권합니다.
- 인간은 동일한 실수를 반복하고 10년이면 과거의 기억을 망각하기 충분합니다. 이러한 경제 사이클을 기반으로 시장의 큰 줄기를 예측하는 방법이 있습니다.

앞서 우리는 단순히 배당률이 높다고 사면 안 된다는 것을 배웠습니다. 하지만 여전히 '고배당주'라는 단어는 매력적일 수밖에 없습니다. 실제로 '배당주'라는 말을 언급할 때 아무도 배당률 2~3%를 염두에 두지 않습니다. 보통 4~8% 사이를 이야기하죠. 지금 당장 수익이 좋은 고배당주, 앞으로 꾸준히 우상향할 수 있는 배당성장주 중 여러분의 선택은 무엇인가요?

좋은 배당주,
나쁜 배당주

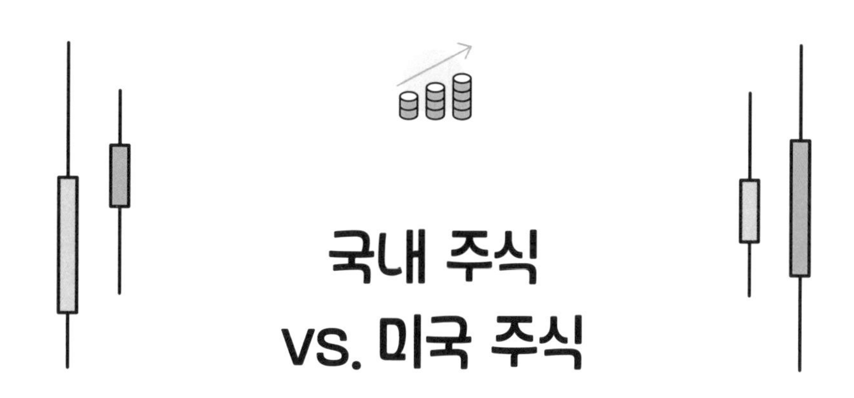

국내 주식 vs. 미국 주식

"국내 주식과 미국 주식, 무엇이 더 좋을까?"

이 질문에 대한 답은 대부분 동일합니다. 이제는 논쟁거리도 되지 않죠. 아무 의심 없이 모두가 '미국 주식'이라고 답할 것입니다. 저도 10년 이상 장기적으로는 무조건 미국 주식이라는 데 동의합니다. 그런데 제 포트폴리오를 보면 미국 주식보다 국내 주식의 비율이 높습니다. 미국이 답이라면서 왜 투자는 반대로 하고 있을까요? 저는 국내 주식과 미국 주식을 7:3 비중으로 보유 중입니다. 다만 앞으로 조금씩 미국 주식의 비중을 늘릴 생각입니다. 왜 국내 주식의 비중이 더 높은지, 언제 비중을 역전할 것인지 이번 챕터에서 알아보겠습니다.

우리는 팔고 외국인은 산다

우리는 끝났다고 말하는 한국 주식을 외국인은 반대로 사고 있습니다. 2024년 1분기 국내 주식 시장에서 외국인은 15조 8천억 원을 매수했습니다. 역대 최고 수준의 순매수 기록을 갱신 중입니다. 다음은 〈연합뉴스〉 2024년 4월 8일 기사입니다.

> 금융감독원이 8일 발표한 '3월 외국인 증권투자 동향'에 따르면 올해 1분기 중 외국인 주식 투자는 총 15조 8천억 원으로 관련 통계가 집계된 1998년 이후 역대 최고 수준을 기록했다. 정부의 기업 밸류업 프로그램 기대감, 미국발 인공지능 반도체주 열풍 등에 힘입어 저PBR(주가순자산비율)주와 국내 반도체주를 대거 사들인 영향으로 보인다.

코스피지수 외국인 보유 비중

(단위: 원, 괄호 안은 시총 대비 비율 %)

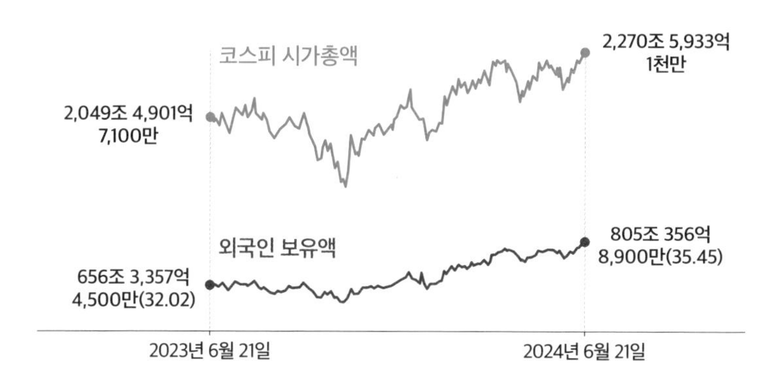

자료: 한국거래소

외국인 투자자들이 바보인 걸까요? 평범한 한국의 개미도 미국 주식이 최고인 것을 아는데, 왜 외국인 투자자들은 이런 이상한 행동을 할까요? 물론 코스피가 장기간 박스권에서 머물면서 많은 외인이 국내 시장을 떠났습니다. 또 금융위기나 팬데믹 등 외부 충격이 있을 때 외국인 투자자는 상대적으로 위험자산인 국내 주식의 비중을 줄이는 경향이 있습니다.

실제로 외국인의 국내 주식 보유 비중은 과거와 비교하면 많이 줄었습니다. 2023년 8월 말 기준 국내 주식 시장에서 외국인 투자자의 비중은 전체 시가총액 대비 26.1%를 차지했는데, 이는 글로벌 금융위기의 여파로 몸살을 앓았던 2009년 4월(26%) 이후 가장 낮은 수준이었습니다. 그런데 최근 외국인 투자자의 비중이 다시 올라가고 있습니다. 2024년 6월 21일 기준으로 외국인의 국내 주식 보유액은 805조 원입니다. 국내 시장 시가총액 대비 35%가 넘는 수치입니다. 국내 기업이 열심히 돈을 벌어서 배당금을 지급하면 이 중 1/3은 해외로 나간다는 뜻입니다. 800조 원이 넘는 돈을 미국 주식에 투자하면 더 많은 돈을 벌 수 있을 텐데, 외국인은 왜 이런 선택을 한 걸까요?

1. 분산 투자

가진 게 많을수록 분산 투자해야 합니다. 미국 주식만 갖고 있는 것은 생각보다 리스크가 큽니다. 선진국·신흥국, 주식·채권, 금, 현물 등 포트폴리오를 다양하게 가져가야 하는 것은 비단 개인만의 일은 아닙니다. 글로벌 기관과 외국인 투자자 역시 자금의 일정 부분은 해외 주식에 투자하고 있으며 이 중 일부가 한국으로 유입된 것입니다.

2. 상대적 저평가

미국 주식의 시가총액이 커져가는 동안 한국 주식은 제자리걸음을 반복하고 있습니다. 벌써 10년 넘게 이러한 상황이 이어지면서 선진국 주식 시장과의 격차가 갈수록 벌어지고 있습니다. 그래서 상대적 저평가 상태인 한국 주식을 포트폴리오에 일부 담는 것입니다.

외국인 투자자는 절대로 바보가 아닙니다. 한국 주식을 매수한다고 아무것이나 사는 게 아닙니다. 그들이 사는 종목을 보면 일정한 기준이 보입니다.

먼저 코스닥은 고려 대상이 아닙니다. 국내 상장사의 숫자를 보면 2022년 12월 말 기준 코스피 826개, 코스닥은 1,611개입니다. 시가총액 합계는 코스피 1,767조 원, 코스닥 315조 원입니다. 상장사의 숫자는 코스닥이 2배인데 시가총액 합계는 코스피의 1/5밖에 되지 않습니다. 코스닥에 외국인의 자금은 2024년 9월 24일 기준 약 8%에 불과한 반면, 코스피는 30%를 상회하고 있습니다. 외국인은 소형주보다 대형주를 좋아한다는 사실을 알 수 있습니다.

그럼 코스피 중에서는 어떤 종목을 좋아할까요? 외국인 지분율이 높은 종목을 정렬한 자료를 보면 몇 가지 공통점이 보입니다. 처음 보는 종목도 있겠지만 절반 정도는 익숙한 이름입니다.

리스트를 보면 알겠지만 외국인은 금융을 좋아합니다. 상위 20개 중 5개 종목이 금융 관련주입니다. 특히 국내 금융지주의 외국인 지분율은 무려 60%가 넘어갑니다(우리금융지주는 42%).

외국인 지분율이 높은 국내 상장사(2024년 6월 12일 기준)

구분	종목명	상장주 수	외국인 보유량	외국인 지분율(%)
1	락앤락	43,326,411	37,737,976	87.1
2	동양생명	161,358,585	134,850,319	83.57
3	S-Oil	112,582,792	87,908,633	78.08
4	KB금융	403,511,072	309,045,926	76.59
5	삼성전자우	822,886,700	621,703,749	75.55
6	하나금융지주	292,356,598	204,266,192	69.87
7	현대차우	23,871,988	16,040,238	67.19
8	새론오토모티브	19,200,000	12,763,494	66.48
9	일성건설	54,024,880	34,945,610	64.68
10	유안타증권	199,596,576	128,247,611	64.25
11	현대차2우B	35,759,391	22,769,696	63.67
12	프레스티지바이오파마	60,096,155	37,991,264	63.22
13	기신정기	29,200,000	18,400,569	63.02
14	신한지주	509,393,214	309,457,545	60.75
15	코웨이	73,799,619	44,827,512	60.74
16	한국쉘석유	1,300,000	762,199	58.63
17	드림텍	68,872,362	39,877,920	57.9
18	LG화학우	7,688,800	4,319,871	56.18
19	SK하이닉스	728,002,365	407,314,063	55.95
20	유니퀘스트	21,794,015	12,166,713	55.83

자료: 한국거래소

우리가 은행에서 대출을 받아서 이자 수익을 내면, 이 수익의 절반 이상을 외국인이 배당으로 가져가고 있습니다.

그리고 외국인은 우선주를 좋아합니다. 삼성전자가 아니라 삼성전자우, 현대차가 아니라 현대차우와 현대차2우B, LG화학이 아니라 LG화학우가 보입니다. 우선주에 대한 이야기는 후술하겠지만, 보통주가 아니라 우선주를 많이 보유한 건 우연이 아닙니다. 주주 권한은 필요 없고 수익만 챙겨갈 생각이라면 당연히 우선주를 사는 게 맞습니다.

종합해보면 외국인은 국내 주식 중에서 배당을 많이 주는 안정적인 대형주를 좋아한다는 사실을 알 수 있습니다. IT 섹터인 삼성전자우도 배당률이 2.74%(2023년 12월 기준)에 달합니다. 금융지주는 대개 8%가 넘고, 현대차우는 외국인의 평균 매수가 기준으로 15%가 넘는 배당이 나옵니다.

미국에 비하면 한국 기업은 작고 보잘 것 없는 게 사실입니다. 성장도 불투명하고, 돈을 잘 벌지도 못합니다. 그럼에도 분산투자 차원에서 자금이 유입되니, 2,400개가 넘는 국내 주식 중에서 우리도 굳이 골라야 한다면 외국인이 좋아하는 종목을 골라야 합니다. 해외에서도 통하는 브랜드를 보유한 기업 또는 금융주에 주목합시다.

규모와 성과는 다르다

미국 주식이 전 세계 주식 시장에서 차지하는 비중은 2024년 2월 2일 기준 42%를 넘었습니다. 전 세계 기준으로 미국의 인구는 4%, GDP는 24%인데 반해 주식 시장은 너무나도 거대해졌습니다. 특히 2010년 이후부터 전 세계 자금을 미국이 다 빨아들이고 있습니다. 미국이라는 나라가 전 세계 패권을 장악하고 있고, 앞으로도 그럴 것이라는 데 동의하지 않는 사람은 없겠죠. 지금도 그렇고, 과거에도 그랬습니다. 그런데 주식 시장에서 미국의 성과가 과연 항상 1등이었을까요? 1995년부터 2023년까지의 주식 시장 수익률을 살펴보겠습니다.

약 30년간 최고의 수익을 기록한 것은 미국 대형주(S&P500)입니다. 평균 12.14%라는 엄청난 수익을 기록했습니다. 그런데 중간중간 수치를 자세히 확인해볼까요? 먼저 1990년대 금융위기, 닷컴버블이 끝난 직후의 수익률을 자세히 봅시다. 6년 간(2002~2007년) 미국 대형주보다 글로벌 주식, 신흥국 주식이 훨씬 높은 수익을 기록했습니다. 특히 2007년 S&P500이 고작 5%밖에 오르지 않을 때 신흥국 주식은 40% 상승했습니다. 이어서 글로벌 금융위기가 끝난 직후인 2009~2010년도 마찬가지입니다.

1995년 이후 주식 시장 성과 비교

연도	미국 대형주	미국 소형주	글로벌 주식	신흥국 주식	리츠	하이 그레이드 채권	하이일드 채권
1995	38%	30%	12%	-5%	15%	18%	20%
1996	23%	16%	6%	6%	35%	4%	11%
1997	33%	22%	2%	-12%	20%	10%	13%
1998	29%	-3%	20%	-25%	-18%	9%	3%
1999	21%	21%	27%	66%	-5%	-1%	3%
2000	-9%	-3%	-14%	-31%	26%	12%	-5%
2001	-12%	2%	-21%	-2%	14%	8%	4%
2002	-22%	-20%	-16%	-6%	4%	10%	-2%
2003	29%	47%	39%	56%	37%	4%	28%
2004	11%	18%	21%	26%	32%	4%	11%
2005	5%	5%	14%	35%	12%	2%	3%
2006	16%	18%	27%	33%	35%	4%	12%
2007	5%	-2%	12%	40%	-16%	7%	2%
2008	-37%	-34%	-43%	-53%	-38%	5%	-26%
2009	26%	27%	32%	79%	28%	6%	58%
2010	15%	27%	8%	19%	28%	7%	15%
2011	2%	-4%	-12%	-18%	8%	8%	4%
2012	16%	16%	18%	19%	20%	4%	16%
2013	32%	39%	23%	-2%	3%	-2%	7%
2014	14%	5%	-4%	-2%	28%	6%	3%
2015	1%	-4%	0%	-15%	3%	1%	-5%

2016	12%	21%	2%	12%	9%	3%	17%
2017	22%	15%	26%	38%	9%	4%	7%
2018	-4%	-11%	-13%	-14%	-4%	0%	-2%
2019	31%	26%	23%	19%	29%	9%	14%
2020	18%	20%	8%	19%	-5%	6%	8%
2021	29%	15%	12%	-2%	41%	-2%	5%
2022	-18%	-20%	-14%	-20%	-24%	-13%	-11%
2023	26%	17%	19%	10%	11%	6%	13%

* 미국 대형주: S&P500, 미국 소형주: 러셀2000, 글로벌 주식: MSCI EAFE, 신흥국 주식: MSCI EM, 리츠: FTSE NAREIT All Equity REITs, 하이그레이드채권: Bloomberg Barclays US Aggregate Bond, 하이일드채권: BofAML High Yield

평균은 미국이 앞서지만 모든 기간에 미국이 항상 앞서 있던 것은 아닙니다. 금융위기가 오면 신흥국 주식은 더 많이 떨어지고, 반대로 시장이 정상화되면서 더 많이 오르는 경향이 있습니다. 변동성이 높다는 단점이 있지만 그만큼 높은 수익을 기대할 수 있습니다. 미국 주식 시장은 벌써 14년 연속으로 황금기가 이어지고 있습니다. 10년 넘게 큰 위기 없이 순탄하기만 합니다. 보통 10년을 기점으로 금융위기가 왔는데 다음은 언제가 될까요?

많이 먹으면 어느 순간 체하는 순간도 오는 법입니다. 제가 항상 강조하는 것은 모두가 좋다고 할 때가 끝물이란 점입니다. 모두가 다 사고 나면 한 명만 팔려고 내놓아도 주가는 떨어집니다. 반대로 모두가 다 팔아버린 종목이라면 조금만 호재가 터져도 주가는 크게 올라갑니다. 미국이 과연 영원히 오르기만 할까요? 악재가 없는 것 같다면 기사를 검색해보세요. 미국 고용률 감소, 미국인의 현금 보유율 감소, 전 세계에 풀린 달러와 불안정한 환율, 연준에 대한 불신, 부채, 미중 갈등, 전쟁 등 다양한 뉴스는 지금도 쏟아지고 있습니다. 이 중 하나라도 크게 부각되고 시장에 부정적인 감정이 팽배해지면 상황은 달라지겠죠.

한국 주식과 미국 주식에 대한 사람들의 평가는 어떤 수준인가요? 지금 모두가 미국을 이야기하고 있습니다. 잠깐 쉬어가야 하는 순간이 조만간 올 것입니다. 그 시점에는 신흥국 시장의 수익률이 돋보일 것이고, 다시 미국에 대한 불신이 커지겠죠. 미국 주식에 대한 불안과 불신이 확대되는 때가 바로 미국 주식을 매수할 시기입니다. 그때가 되면 저는 한국 주식을 팔고 미국 주식에 집중하라 조언할 것입니다.

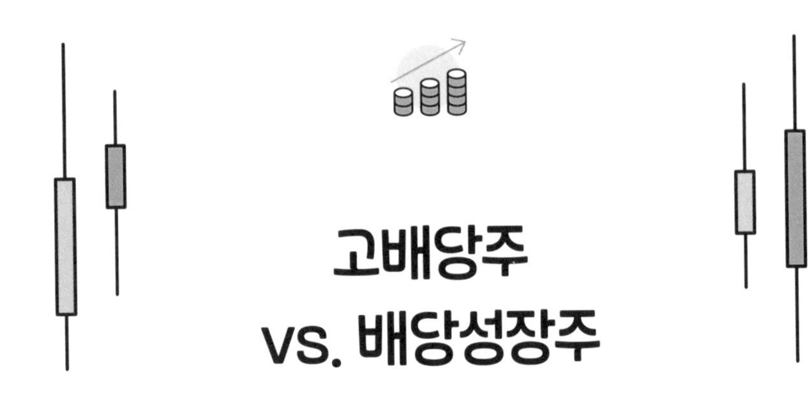

고배당주 vs. 배당성장주

앞서 우리는 단순히 배당률이 높다고 사면 안 된다는 것을 배웠습니다. 하지만 여전히 '고배당주'라는 단어는 매력적일 수밖에 없습니다. 실제로 '배당주'라는 말을 언급할 때 아무도 배당률 2~3%를 염두에 두지 않습니다. 보통 4~8% 사이를 이야기하죠. 지금 당장 수익이 좋은 고배당주, 앞으로 꾸준히 우상향할 수 있는 배당성장주 중 여러분의 선택은 무엇인가요? 고배당과 성장, 두 마리 토끼를 잡는다면 금상첨화겠지만 보통은 선택의 갈림길에 놓이게 됩니다.

고배당주의 장단점

여기서 말하는 고배당주는 주가가 폭락해 배당률이 일시적으로 높아진 형편없는 종목을 이야기하는 것이 아닙니다. 금융, 리츠, 통신 분야의 우량주처럼 꾸준히 높은 배당률을 유지하고 있는 기업을 말합니다. 인터넷에서 '배당주'를 검색해보면 거의 대부분 금융, 리츠, 통신 분야임을 알 수 있습니다. 우량한 배당주란 앞으로 망할 가능성은 낮으면서 계속해서 본업에서 수익을 내고 있는 건강한 기업을 뜻합니다.

다만 성장성이 낮다는 단점은 있습니다. 은행이 마음대로 대출이자를 높일 수 있나요? 국내 통신3사가 새로운 고객을 유치할 수 있나요? 이미 스마트폰을 안 쓰는 사람은 거의 없습니다. 수익형 부동산의 수익률이 1~2년 사이 2배 이상 오를 수 있나요? 하루아침에 월세가 2~3배 뛰는 경우는 없습니다. 이런 업종은 그래서 성장성은 낮지만 매월 꾸준히 안정적으로 수익이 발생합니다. 경기가 아무리 어려워도 매월 대출금을 갚고, 월세를 내고, 통신비를 냅니다. 그러한 돈은 자연스럽게 금융, 리츠, 통신의 수익으로 잡히면서 배당금으로 돌아옵니다.

고배당주에 투자하기 좋은 시기는 배당률이 최고로 높을 때입니다. 금융위기가 오면 다른 수출기업보다는 금융회사의 주가가 훨씬 큰 폭으로 떨어집니다. 레버리지를 이용한 투자상품을 많이 보유했거나, 경제 상황에 따른 직격탄을 그대로 맞기 때문입니다. 코로나19 때를 돌이켜보면 고배당주 종목들의 배당률이 10%가 넘는 경우가 많았습니다. 지금은 말도 안 되는 수치지만 그때 용기를 내 매수했다면 매년 10% 이상의 수익을 챙기고 있었겠죠.

고배당주는 장기 저성장 시기에 투자하기 좋습니다. 시장이 횡보하고, 물가상승률이 낮을 때 투자하기 좋습니다. 흔히 말하는 투자하기 재미없는 시기입니다. 기업이 성장하지 못하니 일반적으로 성장주의 상승이 제한됩니다. 이때 성장주를 사면 장기간 돈이 묶이지만, 고배당주는 똑같이 주가가 제자리걸음을 해도 배당률은 그대로 유지됩니다. 주가가 오르지 않아도 고배당을 챙기면서 현금을 확보할 수 있는 시기입니다.

또 작년처럼 금리가 올라갈 때는 금융주가 유리한 시기입니다. 은행들은 예대마진을 통해 높은 이율로 돈을 빌려주고 수익을 극대화합니다. 이때 은행에서 대출을 받으면 변동금리보다는 고정금리 상품을 유도합니다.

정리하면 고배당주 투자는 경기 하락기, 금리 인상기, 높은 인플레이션 시기, 저성장 지속기 때 하는 것이 최적의 타이밍일 수 있습니다. 국내외 대표적인 고배당주 리스트를 참고하기 바랍니

국내 고배당주 리스트

구분	종목명	분야	배당률	과거 3년 배당금(원)		
				2021년	2022년	2023년
1	하나금융지주	금융	5.76%	1,850	3,100	3,350
2	우리금융지주	금융	7.08%	360	900	1,130
3	현대차우	자동차	6.84%	3,050	5,050	7,050
4	SK텔레콤	통신	6.91%	2,000	2,660	3,320
5	KT	통신	5.36%	1,350	1,910	1,960
6	LG유플러스	통신	6.65%	450	550	650
7	대신증권우	증권	8.42%	1,250	1,450	1,250
8	삼성화재우	보험	6.26%	8,805	12,005	13,805
9	KT&G	담배	6.04%	4,800	5,000	5,200
10	한국쉘석유	에너지	8.45%	14,000	19,000	18,000

해외 고배당주 리스트

구분	종목명	분야	배당률	과거 3년 배당금(달러)		
				2021년	2022년	2023년
1	리얼티 인컴	리츠	5.94%	2.76	3.00	3.12
2	버라이존 커뮤니케이션스	통신	6.64%	2.52	2.56	2.60
3	AT&T	통신	6.15%	2.08	1.36	1.12
4	화이자	헬스케어	6.13%	1.56	1.60	1.64
5	알트리아그룹	담배	8.75%	3.52	3.68	3.84
6	셰브론	에너지	4.25%	5.36	5.68	6.04

7	헬스피크 프로퍼티스	리츠	6.16%	1.20	1.20	1.20
8	오메가 헬스케어 인베스터스	리츠	8.20%	2.68	2.68	2.68
9	킨더 모건	에너지	5.83%	1.08	1.12	1.12
10	크라운 캐슬	통신	6.57%	5.32	5.88	6.28

다. 당연히 꾸준히 배당금을 인상하면서 고배당을 유지하는 기업이 좋은 종목이겠죠? 고배당주 리스트지만 배당성장주로 분류되는 종목도 있습니다.

배당성장주의 장단점

꾸준히 실적을 내면서 배당과 주가가 함께 올라가는 배당성장주에 대한 관심은 최근 2~3년 급격히 높아졌습니다. 우리가 배당성장주에 주목해야 하는 이유는 다음의 4가지입니다.

1. 안전성+수익성

배당성장주는 안전성과 수익성을 동시에 챙길 수 있습니다. 배당성장주로 꼽히는 기업은 금융위기가 오더라도 흔들리지 않을 만큼 탄탄한 기업인 경우가 많으며, 위기가 와도 지속적으로 수익을 발생시킵니다. 또 일시적으로 돈을 벌어서 지급하는 일회성 배당이 아닌, 매년 성장하는 기업은 배당도 주가와 함께 성장합니다.

2. 높은 주주환원율

배당을 지속적으로 올리는 기업은 주주 친화적일 가능성이 높습니다. 수익을 대주주가 몰래 빼돌리기보다는 주주에게 나눠주는 것을 최우선 목표로 삼고, 더 큰 수익이 나올수록 계속해서 주주환원율도 높아지는 선순환 구조를 지닙니다.

3. 장기 투자에 최적화

역사적으로 배당성장주는 물가상승률을 크게 앞서는 수익을 달성했습니다. 물가가 상승할 때도 배당금 인상으로 실질구매력을 방어합니다. 코카콜라의 사례처럼 오래 가지고 있을수록 수익률이 올라가는 장기 투자에 최적화된 종목이 많습니다.

4. 낮은 변동성

장기 투자에 가장 큰 걸림돌은 변동성입니다. 평생 가져갈 생각으로 샀는데 반토막이 난다면 멘탈이 버티지 못합니다. 배당성장주는 금융위기와 같은 파도에 상대적으로 적게 휘둘리기 때문에 주가 변동폭이 낮은 편입니다. IMF 외환위기나 코로나19가 오더라도 점심에 햄버거와 콜라 한 잔은 마실 테니까요.

저성장 시기에 고배당주에 주목해야 한다면, 경기가 회복하는 시기에는 배당성장주에 주목해야 합니다. 경기가 저점을 지나 회복세로 전환되는 시기에는 기업의 실적이 개선되면서 배당 인상 여력이 생깁니다.

특히 완만하게 경기가 좋아질 때도 사람들은 여전히 경기가 불안하다는 착각을 하게 됩니다. 인간의 심리는 과거에 기반을 두기 때문에 금융위기가 2~3년 전에 왔다면 조만간 한 번 더 문제가 생길 수 있다는 불안에 사로잡히죠. 시장은 이미 회복했지만 사람들의 심리는 늦게 반영됩니다.

또 낮은 인플레이션 시기에는 기업의 실질 이익 증가율이 높아질 수 있습니다. 낮은 이자로 돈을 빌린 다음 그 돈을 적절히 활용해서 사업을 확장시킬 수 있습니다. 만약 금리 인상 전에 현금을 확보한 기업이라면 금리 인상이 시작되더라도 자금 흐름에 큰 문제없이 기존 계획대로 사업을 진행할 수 있습니다.

정리하면 경기 회복기, 완만한 경기 호황기, 낮은 인플레이션 시기, 금리 인상 초기가 배당성장주 투자에 좋은 시기입니다.

국내 배당성장주 리스트

구분	종목명	분야	배당률	과거 3년 배당금(원)		
				2021년	2022년	2023년
1	현대차우	자동차	6.84%	3,050	5,050	7,050
2	삼성화재우	보험	6.26%	8,805	12,005	13,805
3	KB금융	금융	3.90%	1,770	2,940	2,950
4	신한지주	금융	4.55%	1,500	1,960	2,065
5	하나금융지주	금융	5.76%	1,850	3,100	3,350
6	우리금융지주	금융	7.08%	360	900	1,130
7	SK텔레콤	통신	6.91%	2,000	2,660	3,320
8	KT	통신	5.36%	1,350	1,910	1,960
9	LG유플러스	통신	6.65%	450	550	650
10	GS우	에너지	6.86%	1,950	2,050	2,550

해외 배당성장주 리스트

구분	종목명	분야	배당률	과거 3년 배당금(달러)		
				2021년	2022년	2023년
1	코카콜라	음료	3.10%	1.68	1.76	1.84
2	암젠	헬스케어	2.94%	7.04	7.76	8.52
3	애브비	헬스케어	3.62%	5.20	5.64	5.92
4	홈디포	생활용품	2.54%	6.60	7.60	8.36
5	텍사스 인스트루먼트	반도체	2.65%	4.08	4.60	4.96
6	록히드 마틴	방위산업	2.74%	10.40	11.20	12.00

7	버라이존 커뮤니케이션스	통신	6.64%	2.52	2.56	2.60
8	펩시코	음료	3.26%	4.32	4.60	5.08
9	블랙록	금융	2.60%	16.52	19.52	20.00
10	화이자	헬스케어	6.13%	1.56	1.60	1.64

한국은 고배당주, 미국은 배당성장주

예시로 나온 기업을 살펴보면 어떤 공통점이 보일 것입니다. 배당률은 국내 주식이 높은 편이고, 배당성장률은 미국 주식이 좋아 보인다는 점입니다. 왜 그런 걸까요? 국내 기업은 평균적으로 저평가되어 있고, 미국 기업은 성장률이 높기 때문입니다. 현재 코스피 전체의 PBR은 1.0 수준인데 반해, 미국 S&P500의 PBR은 우리의 4배 수준입니다. 물론 여러분의 눈에는 국내 주식이 미국 주식보다 못 미더울지 모릅니다. 대주주가 장난을 치는 기업이 많으니까요. 그러나 주주환원에 진심인 기업이 국내에도 존재하기는 합니다. 이런 기업은 공통적으로 외국인의 지분율이 높으며, 재벌가 대주주의 입김이 적게 작용하는 경우가 많습니다. 지속적인 주주환원 덕분에 고배당주·배당성장주에 중복해서 이름을 올리는 기업이 꽤 있습니다.

미국 기업은 고배당주보다는 배당성장주가 훨씬 좋아 보입니다. 당장 고배당주 리스트를 보면 처음 보는 기업도 보이고 '저런 건 사면 안 될 것 같은데?' 하는 회사도 보입니다. 그런데 배당성장주는 어떤가요? 코카콜라, 암젠, 홈디포 등 수십 년간 꾸준히 성장한 기업이 많습니다. 글로벌 사업으로 해외 매출이 꾸준히 발생하고 있고, 경제적 해자를 가진 기업이 대거 포진되어 있습니다. 당장 배당률은 낮더라도 안전하게 성장할 가능성이 높습니다.

진흙 속에서 숨은 진주를 찾는 국내 고배당주, 무한경쟁 속에서도 앞서나가는 미국 배당성장주 중 여러분은 어디에 투자하고 싶은가요? 꼭 하나만 고집하지 말고 적절히 섞어서 투자하길 권합니다.

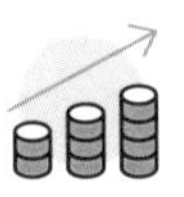

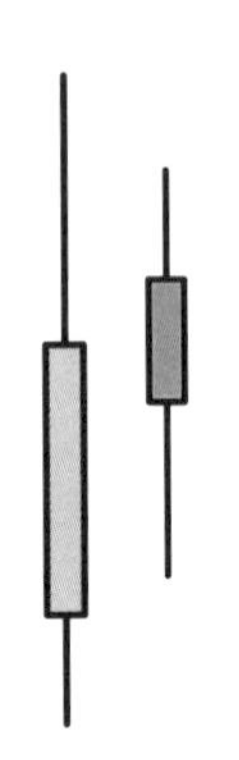

개별 종목 vs. 배당 ETF

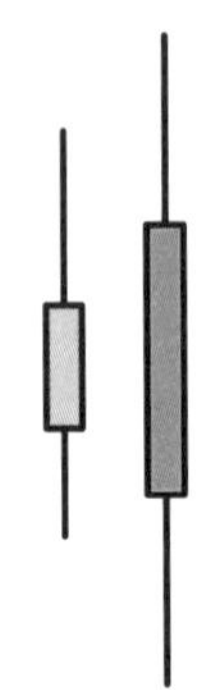

투자 트렌드가 한국 주식에서 미국 주식으로 넘어갔다면, 최근에는 개별 종목 투자에서 배당 ETF로 넘어가는 추세입니다. 아무래도 개별 주식은 정보를 찾기 힘들고 번거롭다 보니 그냥 ETF로 편하게 투자하고 싶단 생각이 팽배해진 것 같습니다. 이런 추세를 반영해서 국내에도 월배당 ETF가 꾸준히 출시되고 있습니다. 정답은 없지만 본인의 투자 성향과 목표, 전문성 등에 따라 선택은 달라질 수 있습니다.

"내가 죽으면 재산의 90%는 S&P500 인덱스펀드에 나머지 10%는 미국 국채에 투자하라."

워런 버핏이 유언장에 남긴 유명한 말입니다. 워런 버핏은 자산의 대부분을 S&P500지수를 추종하는 ETF에 투자하라고 조언합니다. 실제로 SPY, VOO 등 S&P500을 추종하는 ETF의 성과는 꾸준했습니다. 그런데 재밌는 건 정작 워런 버핏 본인은 ETF에 투자하지 않는다는 점입니다. 그 이유는 무엇일까요?

워런 버핏의 투자 철학은 크게 3가지입니다. 첫째, 가치투자를 지향합니다. 그는 개별 기업의 본질적 가치에 집중하는 가치투자자입니다. 저평가된 우량 기업을 찾아 장기 투자하는 것을 선호합니다. ETF는 다수의 기업을 포함하므로 집중적인 가치평가와 선별이 어렵습니다. 둘째, 워런 버핏은 소수의 우량 기업에 집중 투자하는 전략을 선호합니다. ETF는 본질적으로 분산 투자의 도구이므로 이러한 전략과 맞지 않습니다. 셋째, 시장의 비효율성을 활용해 수익을 내는 것을 목표로 합니다. ETF는 효율적 시장 가설에 기반을 둔 도구이므로 이러한 철학과 맞지 않습니다.

무엇보다 워런 버핏은 개인 투자자가 아닌, 버크셔 해서웨이라는 법인이기 때문에 어쩔 수 없는 부분도 있습니다. 이미 1,500억 달러(약 200조 원)가 넘는 현금을 보유할 정도로 투자 규모가 너무 거대합니다. 이 정도 대규모 자본이라면 ETF로는 의미 있는 수익을 내기 어렵습니다. 개별 기업에 대한 집중적인 대규모 투자가 보다 효과적이죠. 또 워런 버핏은 투자 시 복잡한 파생상품 거래나 특수한 계약 조건을 활용합니다. ETF로는 구현하기 어려운 전략들입니다. 또 그는 종종 투자한 기업의 경영에 적극적으로 참여합니다. ETF 투자로는 이러한 수준의 영향력 행사가 불가능합니다.

기업의 본질적인 가치를 중시하고, 저평가된 우량 기업을 찾아 장기 투자하는 워런 버핏의 투자 방식에서 힌트를 얻을 수 있습니다. 그런데 말은 참 쉽습니다. '저평가된 우량 기업'은 우리에게 상상 속의 유니콘과 같은 존재입니다. 쉬워 보이지만 실천은 어려운 투자 전략입니다. 그가 유언장을 통해 아내에게 ETF에 투자하라 권한 이유입니다.

워런 버핏의 과거 투자 이력을 보면 어떤 방식으로 종목을 발굴했는지 종목 선정 방법을 일부 유추할 수는 있습니다.

1. 이해 가능한 사업모델

자신이 완전히 이해할 수 있는 비지니스에만 투자합니다. 워런 버핏은 이를 '능력 범위(Circle of Competence)'라고 부릅니다. 그가 IT 업종은 애플, HP처럼 일부 기업에만 투자하고 암호화폐에 전혀 투자하지 않은 이유는 간단합니다. 이해할 수 없기 때문입니다.

2. 경제적 해자

흔히 지속가능한 경쟁 우위라고 하는 경제적 해자를 보유한 기업을 선호합니다. 대표적으로 코카콜라, 애플처럼 글로벌 시장의 영원한 선두주자를 좋아합니다. 이러한 기업은 브랜드 파워로 시장을 지배해 가격 결정 권한을 가지고 있습니다.

3. 주주친화 정책과 재무건전성

꾸준한 배당금 지급, 자사주 매입 등 주주 가치를 높이는 정책을 실시하는 기업을 선호합니다. 부채 비율이 낮고, 안정적인 현금흐름을 가진 기업은 꾸준히 배당을 지급해 버크셔 해서웨이의 캐시카우가 됩니다. 대표적으로 뱅크오브아메리카, 아메리칸 익스프레스, 처브 등이 있습니다.

우리와 같은 평범한 사람이 '최고의 주식이 가장 쌀 때' 투자하는 건 불가능에 가깝습니다. 좋은 기업의 주가는 항상 비쌉니다. AI로 인해 엔비디아가 급상승하고 난 다음에야 대중은 관심을 갖지, 2022년 급락 시기에는 아무도 싸다고 생각하지 않았습니다. 주가가 내려갈수록 '문제투성이'로만 보일 뿐입니다.

어떤 종목을 사야 할까?

그렇다면 적당한 기업이 어느 정도 가격이 내려갔을 때 사는 전략은 어떨까요? 여기서 말하는 적당한 기업이란 10년 뒤 시장을 지배할 최고의 기업이 아닙니다. 지금도 적당히 돈을 벌고 있고, 10년 뒤에도 살아남아 있을 만한 꾸준한 기업을 말합니다. 예를 들어 우리가 소비하는 대표적인 브랜드를 생각해봅시다. 통신(SK텔레콤), 신용카드(비자), 의류(나이키) 등은 과거에도 썼고 앞으로도 쓰겠죠. 세상이 갑자기 바뀌지 않는 이상 망할 일은 없습니다. 이런 기업은 꾸준히 배당을 지급하거나 적자가 나지 않고 최소한의 매출이 보장된다는 공통점이 있습니다. 이러한 종목이 싸졌을 때 투자하면 수년 안에 수익이 나오지 않을까요?

그렇다면 '싸다'의 기준은 무엇일까요? 사람마다 기준은 다르겠지만 저는 여기서 다시 배당률을 이야기하고 싶습니다. 배당을 안 주는 기업보다 최소 2% 이상 꾸준히 배당금을 지급하는 배당주라면 이 기준을 적용할 수 있습니다. 바로 과거 평균 배당률 대비 현재 배당률이 높아졌을 때입니다. 예를 들어 미국의 대표적인 통신주 버라이즌 커뮤니케이션스의 최근 5년 배당률을 볼까요?

최근 5년 평균 배당률은 5% 내외입니다. 그런데 2023년

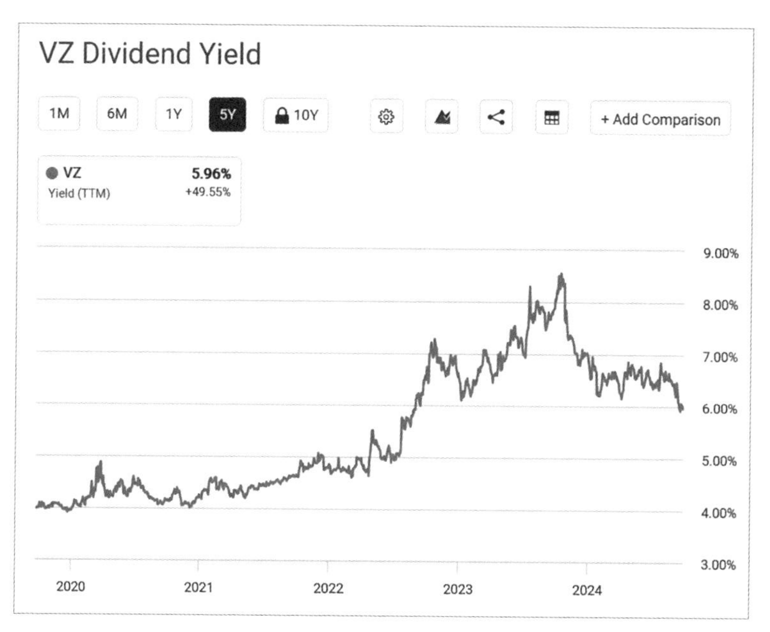

● 버라이존 커뮤니케이션스의 최근 5년 배당률 자료: 시킹 알파

10월 무려 배당률이 8.5%까지 올랐습니다. 2010년대에 꾸준히 4%였던 걸 고려하면 무려 2배나 오른 것이죠. 주가는 반대로 그만큼 떨어졌습니다. 만약 이 기업이 망하지 않고 최소한 지금만큼의 실적이 나온다면, 2023년 10월에 샀다면 앞으로 최소 8.5%의 배당을 받게 되는 것입니다. 기업이 성장한다면 다시 주가는 회복하겠지만 내가 산 매수가 기준 배당률은 영원히 8%가 넘습니다. 그래서 과거 평균 대비 현재 배당률이 높아졌다면 객관적으로 해당 종목을 저평가 상태라고 할 수 있습니다.

최고의 종목을 발굴하는 건 어렵지만 적당한 기업이 싼지 비싼지 파악하는 건 어렵지 않습니다. 평균 배당률을 기준으로 판단해보세요. 내가 알고 있는 기업의 주가가 많이 떨어졌을 때, 내가 원하는 최소한의 배당을 지급하는 수준이라면 그때부터 매수하면 됩니다. 배당과 시세차익이라는 두 마리 토끼를 잡을 수 있습니다.

워런 버핏의 투자 방식을 적용해 우리 주위에서 종목을 발굴하고(이해 가능한 사업을 찾고), 10년 뒤에도 내가 이용할 기업(경제적 해자가 있는 기업) 중에서도 꾸준한 주주환원 정책을 실시하는 기업을 찾아야 합니다. 이 기업이 과거 대비 높은 배당률(저평가 상태)을 보인다면 보다 높은 성과를 얻을 수 있습니다.

배당 ETF에서 답을 찾다

워런 버핏의 방식은 많은 시간과 노력이 필요합니다. 워런 버핏도 수십 년간 투자하면서 많은 실패를 했습니다. IBM과 크래프트 하인즈에 투자해 큰 실패를 경험했습니다. 분명히 경제적 해자를 보유하고 있고 주주 친화적인 기업이었지만 너무 비싸게 샀거나(크래프트 하인즈), 기업 가치가 훼손(IBM)되면서 주가가 떨어진 사례입니다. 원숭이도 때로는 나무에서 떨어지는 곳이 주식 시장입니다. 평범한 사람이라면 투자할 시간도 없고, 종목을 발굴할 능력도 부족할 텐데 어떻게 해야 할까요? 시장의 성과를 따라가면서 꾸준히 배당을 지급하는 종목을 담은 ETF에 투자하면 됩니다.

다양한 상품이 있지만 미국의 배당성장주에 투자하는 'SCHD(이하 슈드)'*의 최근 인기는 상상을 초월합니다. 단연코 최근 가장 큰 관심을 받은 ETF일 것입니다. 이미 국내에도 '미국배당다우존스'라는 이름이 붙은 ETF가 여럿 출시되었습니다. 슈드가 워낙 큰 인기를 끌다 보니 동일한 벤치마크를 추종하는 국내판 ETF가 출시된 것이죠. 연금저축, IRP나 ISA로 투자하는 사례가 늘고 있습니다.

여기서 잠깐!

슈드: 슈드의 정식 명칭은 'Schwab U.S. Dividend Equity ETF'다. 2011년 찰스 슈왑에서 출시한 ETF로 국내외에서 큰 인기를 끌고 있다. 다우존스 미국 배당100지수를 추종한다. 포트폴리오 종목을 선별할 때 최소 10년 연속 배당 지급, 시가총액 최소 5억 달러 이상, 일일 평균 거래량 최소 200만 달러 이상이라는 까다로운 기준이 적용된다.

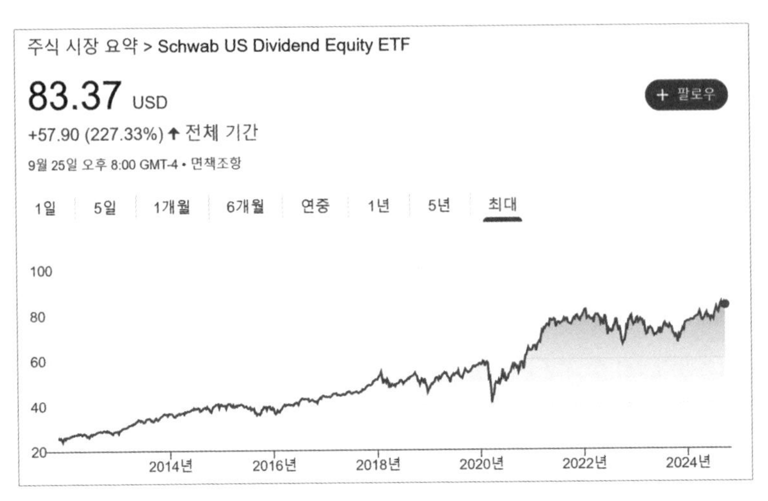

● 슈드의 주가

자료: Google Finance

단순히 S&P500에 투자하기보단 지속적으로 배당을 늘린 배당성장주 위주로 투자하다 보니 배당에 관심 많은 투자자들에게 제격인 상품입니다. 상장 이후 주가는 무려 2배 올랐고, 배당률은 8배가 되었습니다. 2011년 12월 주당 0.122달러에서 2024년 6월 0.824달러까지 꾸준히 배당이 올랐습니다. 그야말로 완벽한 배당성장 ETF입니다.

2024년 2분기 기준 지금까지 51번 배당금을 지급했고 합계만 주당 20.733달러입니다. 만약 상장 직후 25달러에 투자했다면 이미 배당만으로 원금을 대부분 회수한 수준입니다. 다만 고배당 기업에 집중하다 보니 성장 잠재력이 높은 기술기업은 상대적으로 배제하고 있습니다. 최근 수년간 강세장에서 S&P500보다 조금 뒤떨어진 성과를 보였습니다. 엔비디아, 테슬라, 애플 등 등락이 큰 종목은 포함되어 있지 않습니다. 또한 금융, 산업재 등 특정 섹터에 편중될 수 있기 때문에 섹터 리스크가 있는 편입니다.

우리의 관심사는 배당이기 때문에 만약 여러분이 배당과 관련된 ETF를 고려한다면 슈드가 해답일 수 있습니다. 비슷한 배당 관련 ETF로는 DGRO, SPYD, HDV 등이 있습니다. 빅테크 기업도 포함시키길 바란다면 DGRO에도 관심을 가져봅시다. 이들은 모두 미국에 상장되어 있다 보니 연금저축, IRP, ISA로는 투자가 불가능합니다. 국내 자산운용사들도 이 부분을 감안해 비슷한 ETF를 브랜드별로 출시했습니다. 각각의 이름은 TIGER 미국배당다우존스, SOL 미국배당다우존스, ACE 미국배당다우존스입니다. 미국 상장주인 슈드와 해외 지수를 추종하는 국내 상장주 'K-슈드'의 차이점은 이렇습니다.

1. 배당 주기: 슈드는 분기별, K-슈드는 월배당
2. 환율 리스크: 슈드와 달리 K-슈드는 원화로 투자
3. 운용 수수료: 슈드가 0.06%로 K-슈드보다 훨씬 낮음
4. 운용 규모: 슈드는 33조 원인 반면, K-슈드 3인방의 합계는 2조 원 내외

비교해보면 슈드가 유리해 보이지만 K-슈드는 절세계좌에서 운용이 가능하다는 큰 장점이 있습니다. 동일한 지수를 추종하는 만큼 사실 큰 차이는 없기 때문에 내가 좋아하는 운용사 혹은 가장 낮은 수수료를 제시하는 곳을 선택합시다.

개별 종목 투자는 높은 수익 잠재력과 맞춤형 포트폴리오 구성이 가능하지만, 그만큼 리스크가 따르고 종목 선정과 관리에 많은 시간이 필요합니다. 반면 배당 ETF 투자는 편리하고 안정적이며 분산 투자의 이점이 있지만, 개별 종목에 비해 탁월한 성과를 내기는 어렵습니다. 무조건 어느 한쪽에 몰두하기보다는 자신만의 투자 목표와 리스크 감내 수준에 따라 적절히 섞어서 투자하는 전략이 좋습니다. 참고로 저는 연금저축과 IRP에서는 배당 ETF를 꾸준히 적립식 매수하고 있고, 일반 계좌에서는 개별 종목으로 성과를 내고 있습니다.

부동산 vs. 리츠

'조물주 위에 건물주'라는 말을 들어봤나요? 한때 은퇴자들의 꿈은 작은 5층짜리 건물을 사서 1~4층은 세를 주고 5층에 자신이 거주하는 것이었습니다. 그런데 현실은 냉혹합니다. 누군가는 건물을 관리해야 하고, 임차인과 씨름을 해야 합니다. 주위를 둘러보면 1년 넘게 '임대'가 붙어 있는 건물도 넘쳐납니다. 어찌어찌 세입자를 구해도 '월세를 안 내면 어떡하지?' 하는 걱정에 밤을 지새웁니다. 건물주만 되면 아무 걱정 없이 매달 꼬박꼬박 현금이 들어오는 줄 알았는데, 현실은 생각과는 많이 다릅니다.

건물주는 허상이다

강남 한복판에 있는 큰 빌딩이어서 대기업이 10년 넘게 임차하고 있는 게 아닌 이상, 대부분의 건물주는 건물과 임차인을 직접 관리해야 합니다. 주말마다 청소도 하고, 세입자의 고충을 해결하느라 바쁩니다. 남들에겐 안정적인 수입원처럼 보이겠지만 실제로는 여러 가지 어려움이 산재해 있습니다.

특히 젊은 1인 가구가 주로 거주하는 원룸이나 오피스텔은 이사가 잦습니다. 1년마다 새롭게 세입자를 구하는 번거로움이 있고, 공실기간이 길어지면 수익률도 떨어집니다. 매번 나가고 들어올 때마다 새롭게 계약하는 것도 일입니다. 신규 계약마다 부동산 수수료도 나가고요. 국가통계포털 자료에 따르면, 2024년 1월 4일 기준 서울 핵심 지역의 상가 공실률은 13%가 넘습니다. 만약 건물을 사면 13% 확률로 한 푼도 못 벌 수 있다는 뜻입니다.

공실만 걱정인 것이 아닙니다. 신축 건물이 아닌 이상 건물 노후화에 따른 지속적인 수리와 교체가 필요합니다. 보일러, 수도, 전기 등 다양한 문제로 갑자기 세입자의 전화를 받으면 정말 스트레스가 큽니다. 유지·보수 비용만큼 내 수익도 줄어듭니다. 실제로 저도 에어비앤비를 잠깐 운영해봤는데 한겨울에 뜨거운

물이 안 나온다고 할 때 정말 당황스럽더군요.

건물주로서 겪어야 할 모든 불편함과 의무를 감안하더라도 좋은 임차인을 만나는 건 또 다른 이야기입니다. 생활소음, 분리수거 등의 문제로 다양한 성향의 임차인과 매번 소통하는 것도 힘든 일입니다. 보유한 부동산이 많아질수록 임차인도 많아지고, 민원 연락도 많아집니다.

분명 나는 건물주가 되어서 매월 월세만 받으면서 편하게 살려고 했는데, 이상하게 놀러갈 시간은 없고 건물 관리 노하우만 늘어나는 자신을 발견하게 됩니다. '이럴 거면 차라리 철물점을 해볼까?' 싶어지는 때가 옵니다. 건물주가 된다고 해서 세상이 특별해지진 않습니다.

건물주 말고 리츠주

건물주 말고 부동산 주식 리츠*를 보유한 '리츠주(主)'가 되어보면 어떨까요? 건물을 직접 소유하지 않고 주식 형태로 쉽게 사고팔 수 있는 리츠는 매력적인 대안이 될 수 있습니다. 리츠는 부동산에 간접 투자해 매매차익과 배당을 얻을 수 있는 배당주의 한 유형입니다. 국가별로 일부 차이가 있지만 한국과 미국은 법인세 감면을 위해서 이익의 90% 이상을 의무적으로 배당금으로 지급하게 되어 있습니다. 일반 기업과 다르게 세전 소득에서 배당금을 지급하기 때문에 당연히 다른 주식보다 배당금이 높을 수밖에 없습니다.

 여기서 잠깐!

리츠: '리츠(REITs; Real Estate Investment Trust)'는 다수의 투자자로부터 자금을 모아 부동산에 투자하고, 그로부터 발생하는 임대료와 매매차익 등의 수익을 투자자에게 배당하는 부동산 간접 투자상품을 말한다.

리츠는 쉽게 사고팔 수 있다는 장점이 있습니다. 부동산 거래를 해본 분이라면 사고파는 게 얼마나 힘든 일인지 알 것입니다. 리츠는 주식의 형태로 거래되기 때문에 주당 몇천 원에서 몇만 원으로 쉽게 거래가 가능합니다. 전체 지분을 쪼개서 일부를 거래하기 때문에 원할 때 사고팔 수 있습니다.

규모의 경제 면에서도 리츠가 유리합니다. '내 건물'을 소유하는 것도 좋지만 평범한 직장인이라면 작은 빌라 딱 한 채일 뿐입니다. 리츠는 수천 개의 부동산을 동시에 보유하고 운용합니다. 미국의 가장 유명한 리츠 리얼티 인컴은 전 세계에 1만 5천 개가 넘는 부동산을 소유하고 있습니다. 임대율도 98%가 넘어가기 때문에 1~2개 업체가 월세를 못 내도, 일부 공실이 생겨도 크게 문제가 되지 않습니다. 국내에서 가장 큰 리츠 중 하나인 ESR켄달스퀘어리츠는 쿠팡 물류센터를 운영하고 있습니다. 개인이 이런 걸 사는 건 불가능하겠죠? 서울 한복판의 커다란 빌딩도 알고 보면 개인이 가진 게 아니라 리츠 자산인 경우가 많습니다.

무엇보다 리츠는 직접 관리하지 않아도 된다는 장점이 있습니다. 저는 이 점 때문에 부동산보다 리츠가 훨씬 좋다고 생각합니다. 보일러나 수도 따위를 직접 관리할 필요가 없으니 부담스럽지 않습니다. 물론 부동산 관리를 위탁하므로 이에 대한 비용은 수익에서 차감됩니다. 건물을 관리할 필요 없이 부동산에 투자(리츠를 매수)하고 월세(배당금)만 받으면 됩니다.

물론 주의할 점도 있습니다. 보통 주식의 가치평가 지표로 가장 많이 사용되는 건 PER, PBR입니다. 리츠는 PER, PBR보다는 FFO(Funds From Operations)가 중요합니다. 당기순이익과 감가상각비의 합에서 부동산 양도손익과 같은 일회성 이익을 제외한 순이익으로 리츠를 평가하는 대표적인 지표입니다.

FFO=당기순이익+감가상각비-부동산 양도손익

분명히 월세를 받았는데 회계상으로 당기순이익이 마이너스인 경우도 있습니다. 이는 감가상각비를 반영했기 때문입니다. 기업이 보유한 유형의 자산(부동산, 자동차 등)은 감가상각이 매년 적용되기 때문으로 리츠는 PER보다는 FFO를 중점적으로 봐야 합니다. FFO는 높을수록 좋으며 그만큼 벌어들이는 수익이 많다는 뜻입니다.

여기서 한 단계 더 나아가면 'P/FFO'를 활용할 수 있습니다. 여기서 'P'는 시가총액을 의미합니다.

P/FFO=시가총액÷FFO

P/FFO는 주식의 PER과 비슷한 지표에 해당합니다. FFO가 증가할수록 P/FFO는 낮아지며, 일반적으로는 이 수치가 낮을수록 저평가되어 있다고 볼 수 있습니다.

리츠의 주가는 일반 주식 시장보다는 부동산 시장의 영향을 많이 받습니다. 아무래도 주식의 형태일 뿐 실상은 부동산 투자이기 때문입니다. 금리 인상에 따른 부동산 가치 하락의 타격을 그대로 맞게 됩니다. 미국 기준금리가 올라가면서 2022년 이후 거의 모든 리츠가 하락한 바 있습니다.

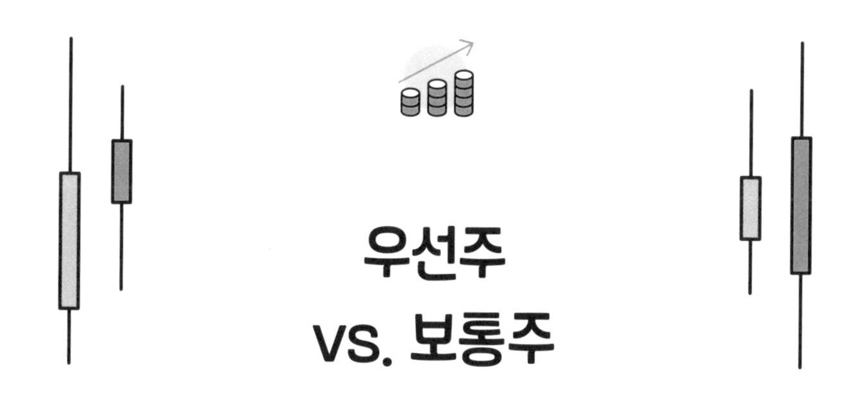

우선주 vs. 보통주

이번에는 우선주에 대해 이야기해보려 합니다. 우선주란 기업 경영이나 운영에 참여할 수 없는 주식으로 주주로서의 권한이 제한된 주식을 뜻합니다. 보통 의결권을 행사할 수 없는 대신 보통주보다 우선순위로 이익 배당이나 잔여재산의 분배를 받을 수 있는 주식입니다. 코스피 시가총액 상단을 보면 '우'라는 이름이 들어간 종목이 항상 눈에 보이죠. 한국 코스피 시가총액 부동의 1위는 '삼성전자'입니다. 그런데 6위에도 삼성전자가 있습니다. 바로 '삼성전자우'라는 회사입니다.

국내증시 ▾ 시가총액 상위종목 ▾ 코스피 코스닥

종목명	현재가	전일대비	등락률	시가총액	거래량
삼성전자	64,200	▲ 2,000	+3.22%	383조2,600억	29,359,261주
SK하이닉스	178,700	▲ 13,400	+8.11%	130조940억	8,052,153주
LG에너지솔루션	411,500	▼ 2,000	-0.48%	96조2,910억	245,045주
삼성바이오로직스	1,047,000	- 0	0.00%	74조5,192억	72,399주
현대차	256,000	▲ 4,500	+1.79%	53조6,105억	519,828주
삼성전자우	53,100	▲ 300	+0.57%	43조6,953억	1,931,303주
셀트리온	200,500	▲ 500	+0.25%	43조5,127억	415,314주
기아	104,100	▲ 1,300	+1.26%	41조6,253억	688,044주
KB금융	80,700	▲ 2,600	+3.33%	31조7,577억	1,534,826주
POSCO홀딩스	380,500	▲ 5,500	+1.47%	31조4,386억	203,412주

● 코스피 시가총액 상위 종목 리스트

자료: 네이버페이 증권

'삼성전자우'라는 '삼성전자'와 전혀 다른 회사가 있는 게 아닙니다. 같은 회사를 보통주와 다르게 우선주 형태로 추가 발행했기 때문에 회사는 하나지만 개별 종목으로 표시되는 것이죠. 우선주의 이름을 보면 헷갈리는 단어가 또 있습니다. '2우B' '3우B'와 같은 단어가 보이죠. 예를 들어 현대차는 현대차우, 현대차2우B, 현대차3우B까지 있습니다. 1996년 「상법」이 개정되면서 그 이후에 발행된 신형 우선주는 채권(Bond)을 차용해 'B'가 추가되었습니다. 저는 'B'를 다른 단어로 부르고 있습니다. 바로 보너스(Bonus)의 'B'로 말이죠.

우선주, 무엇이 좋을까?

우선주는 주주로서의 권리를 행사할 수 없는 대신 보통주에 비해 많은 배당금이 지급된다는 장점이 있습니다. 똑같은 회사의 주식이지만 '우'가 붙으면 좀 더 많은 배당금이 지급됩니다. 주주로서의 권리가 없다는 게 어떤 의미일까요? 언뜻 보면 무슨 말인지 잘 모를 수 있습니다. 여러분은 주주총회에 참석해본 적이 있나요? 아마 대부분은 한 번도 없을 것입니다. 주주총회에 참여해달라는 우편을 받더라도 보통은 무시하고 버리니까요.

주주총회에서 하는 투표는 일반적인 선거와 다릅니다. 일반적인 선거는 인당 1표를 행사할 수 있습니다. 대통령도 1표, 재벌가 회장님도 1표, 평범한 우리도 1표로 동일합니다. 반면 주주총회에서의 투표는 소유한 주식의 수를 기준으로 투표권이 주어집니다. 1주를 가진 사람은 1표, 1만 주를 가진 사람은 1만 표를 행사합니다. 그러다 보니 주주총회에서 개인은 특별히 의미가 없고, 대주주(오너 일가 혹은 국민연금과 같은 기관)의 의견대로 흘러가는 경우가 많죠. 정말 큰돈을 투자한 종목이 아닌 이상은 개미에게 있어 주주권한이란 의미가 없는 것이나 마찬가지입니다.

그럼 굳이 왜 추가적인 배당을 주는 우선주를 발행한 걸까요?

기업에서 자금을 조달하는 방법으로는 상장(IPO), 금융권 차입(대출), 주식 발행(보통주·우선주), 회사채 발행 등이 있습니다. 그런데 금융권을 통해서 자금을 조달하거나 회사채를 발행하는 경우 각 차입금(대출금)에 대한 이자를 지불해야 하므로 지속적인 비용이 발생합니다. 반면 주식 발행을 통해 보통주를 늘리면 자금 조달은 할 수 있지만 대주주의 지분율이 낮아지면서 경영권에 영향이 갑니다. 대주주 지분율이 50%였는데 보통주를 발행해 30%로 줄어든다면 어떻게 될까요? 대주주의 힘이 그만큼 약해지겠죠. 보통주가 아닌 우선주를 발행하면 자금 조달을 하면서도 대주주의 경영권을 보호할 수 있습니다.

대주주에게 경영권이란 굉장히 큰 이슈입니다. 우리와 같은 개미에게는 특별히 큰 문제는 아니죠. 우리 입장에선 기업이 실적을 잘 내고, 잘 성장해서 배당만 꼬박꼬박 지급하면 그만입니다. 물론 간혹 대주주가 기업을 마음대로 휘두르면서 개미가 손해를 보는 경우도 있지만 그건 우선주 문제와는 별개의 사항이니 넘어가겠습니다.

우선주의 장점인 배당에 대해 좀 더 자세히 알아보겠습니다. 우선주에 투자한 경험이 없다면 여전히 의구심이 들 것입니다. 정말로 배당을 더 주고 있을까요? 네, 정말입니다. 다트에 올라온 공시를 통해 보통주와 우선주의 배당이 다르다는 사실을 확인할

현금 · 현물배당 결정		
1. 배당구분		결산배당
2. 배당종류		현금배당
- 현물자산의 상세내역		-
3. 1주당 배당금(원)	보통주식	361
	종류주식	362
- 차등배당 여부		미해당
4. 시가배당율(%)	보통주식	0.5
	종류주식	0.6
5. 배당금총액(원)		2,452,976,485,950
6. 배당기준일		2023-12-31

● 삼성전자 2024년 1월 31일 공시

자료: 다트

수 있습니다. 예를 들어 삼성전자의 배당금 공시를 볼까요?

보통주식 주당 361원, 종류주식(우선주) 주당 362원을 지급했습니다. 분기 지급이므로 보통주는 주당 1,444원, 우선주는 주당 1,448원입니다. 참고로 삼성전자처럼 형식상 1원 차이가 나는 기업도 있지만 보통주보다 100원 이상 더 지급한다는 조건이 달린 우선주도 있습니다.

그럼 삼성전자와 삼성전자우의 배당률은 어떨까요? 주가가 다르므로 당연히 배당률에서 차이가 발생합니다. 2023년 12월 기준 삼성전자의 배당률은 2.24%, 삼성전자우의 배당률은 2.71%입니다. 0.47% 차이입니다. 1년 이상 투자한다면 주가의 등락과는 별개로 우선주에서 배당 수익이 더 난다는 뜻입니다.

보통주와 우선주의 괴리율

우선주를 이야기할 때 절대 빼놓을 수 없는 건 바로 '괴리율'입니다. 삼성전자는 보통주와 우선주의 가격 차이가 그리 크지 않은 종목입니다. 주식 시장에서는 이런 가격차를 괴리율이라는 단어로 표현합니다. 2024년 9월 26일 기준 삼성전자 보통주와 우선주의 괴리율은 약 17%입니다. 계산법은 크게 어렵지 않습니다.

괴리율=(보통주 가격-우선주 가격)÷보통주 가격

괴리율은 매일 주가가 변하면서 따라서 변화합니다. 보통주의 가격이 지나치게 오르면 우선주의 가격이 상대적으로 떨어지면서 괴리율이 올라가겠죠? 상황에 따라 보통주와 우선주 간의 괴리율이 벌어질 때, 이를 활용해서 저평가된 주식을 사는 것도 한 방법입니다.

우선주 괴리율 조회 사이트(koreadividend.kr/disparity)를 활용하면 코스피, 코스닥에 상장된 국내 우선주의 괴리율을 확인 가능합니다. 보통주와 가격 차이가 많이 나는 종목을 순서대로 정렬해볼 수 있습니다.

괴리율 순위

순위	우선주	괴리율
1	솔루스첨단소재1우	83.3%
2	아모레퍼시픽우	71.4%
3	DB하이텍1우	71.2%
4	두산퓨얼셀1우	68.8%
5	현대비앤지스틸우	67.6%
6	솔루스첨단소재2우B	66.7%
7	아모레G우	64.4%
8	한진칼우	64.3%
9	두산우	60.1%
10	두산2우B	59.7%

● 국내 우선주 괴리율 순위 자료: koreadividend.kr/disparity

2024년 7월 5일 기준 괴리율이 가장 높은 종목은 '솔루스첨단소재1우'로 83.3%이며, 가장 낮은 종목은 '소프트센우'로 −1,321.8%입니다. 1위 종목은 2019년 10월 상장되어 평균적으로 약 60% 정도 수준의 괴리율을 보이다가 최근에 갑자기 가격 차이가 벌어지면서 괴리율이 큰 폭으로 증가했습니다. 보통주와 주가 추이를 비교해보면 우선주가 보통주에 비해 상대적으로 저평가 구간에 들어왔음을 알 수 있습니다.

괴리율이 크다는 뜻은 그만큼 보통주에 비해 저평가인 상태이고 저렴하게 살 수 있단 뜻입니다. 참고로 괴리율이 −1,321.8%인 소프트센우처럼 극단적으로 차이가 나는 종목은 관심을 가지면 안 됩니다. 마이너스 네 자릿수가 넘어간다면 정상적인 상태는 아니겠죠? 동일한 종목인데 보통주보다 10배 더 비싸게 거래되고 있다면, 이는 투자가 아닌 투기의 관점에서 바라봐야 합니다.

그런데 아직까지 한국 시장은 우선주에 대해 무관심한 편입니다. 요즘에야 '배당주'라는 단어가 뉴스에 조금씩 등장하면서 배당 이슈가 확대되고 있지만 아직까지 우선주에 대한 관심은 그렇게까지 크지 않습니다. 우선주는 거래량이 적기도 하고 테마주로 분류되는 경우도 있습니다. 한국거래소에서는 주기적으로 단기과열종목을 공개하고 있는데, 2024년 9월 26일 기준으로 18개 단기과열종목 중 무려 17개가 우선주입니다. 이런 식으로 단기과열종목에 이름을 올리면 괴리율이 마이너스인 경우가 많습니다. 또 암호화폐, 정치 테마주인 경우가 많으니 투자 시 주의가 필요합니다.

또 지나치게 낮은 거래량을 보이면 상장폐지되는 경우도 있으니, 투자를 고려한다면 적당히 규모가 있는 우선주에 투자해야 합니다. 참고로 한국거래소의 상장폐지 기준은 다음과 같습니다.

1. 사업보고서 미제출
2. 감사인의 의견 거절이나 부적정 의견
3. 부도·도산·파산

4. 주식분산율 기준 미달

5. 3년 이상 영업정지

6. 거래량 기준 미달

7. 시가총액 50억 원 미달(코스닥은 40억 원)

8. 완전 자본잠식

9. 3년 이상 자기자본 50% 이상 잠식(코스닥은 2년)

10. 상장적격성 실질심사 부적격 판정

거래량이 하루에 수백만 원 수준이라면 단기 투자자가 들어오기도 쉽지 않습니다. 단기간에 1천만 원 정도를 사고팔면 그날 전체 거래금액 수준이니, 일개 개미 1명의 움직임만으로도 주가 변동이 상당하겠죠? 지나치게 관심이 없어서 거래량이 줄면 매수·매도가 쉽지 않을 수 있어 접근하기 힘들어집니다.

장기 투자자라면 우선주에 관심을 갖자

삼성전자우는 괴리율이 가장 낮은 종목 중 하나입니다. 외국인이 많이 매수했기 때문에 보통주와의 차이가 크지 않습니다. 더군다나 배당금도 분기별로 1원씩 높기 때문에 연간 배당률만 약 0.4% 차이입니다. 은행 대출금리가 0.1%만 달라도 갈아타기를 고민하지 않나요? 괴리율이 클수록 배당률 차이는 크게 벌어집니다.

현대차 보통주와 우선주 배당률 비교

종목명	주가 (2024년 7월 말 기준)	배당금 (2023년)	배당률 (%)
현대차	25만 2천 원	1만 1,400원	4.51
현대차우	15만 8천 원	1만 1,400원	7.25
현대차2우B	15만 9,600원	1만 1,450원	7.17
현대차3우B	15만 4,800원	1만 1,400원	7.36

예를 들어 현대자동차는 현대차우, 현대차2우B, 현대차3우B까지 우선주가 3개나 있습니다. 4개 종목의 배당률을 확인해볼까요? 분명히 같은 종목이지만 배당률은 1.5배 이상 차이가 납니다. 현대차도 배당금이 적은 편이 아닌데 괴리율이 40% 이상 발생하고, 추가 배당금까지 있으니 우선주의 시가 배당률이 7%를 넘긴 것이죠. 만약 수년 전에 투자했다면 현재 2배 이상의 시세차익까지 발생하고 있으니, 매수가 기준 15% 이상의 배당률을 받는 분도 꽤 있을 것입니다.

같은 종목인데 더 싸게 사면서 더 많은 배당을 준다? 이거야말로 장바구니에 쓸어담아야 할 종목이 아닐까요? 만약 장기 투자를 지향한다면 이 작은 배당금 차이가 향후 더 큰 금액으로 돌아온다는 점을 꼭 기억합시다.

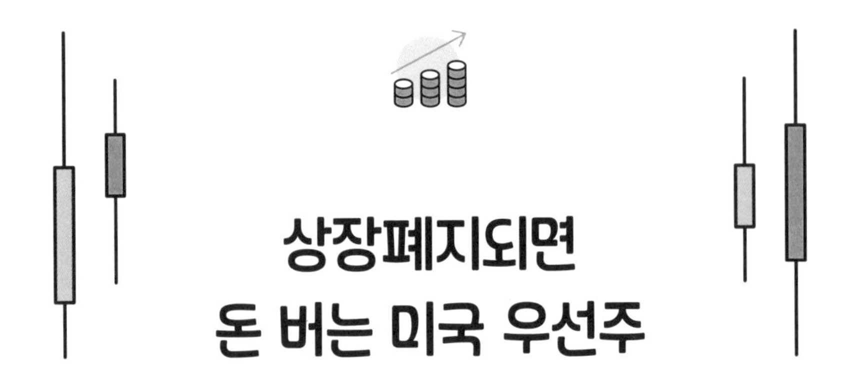

상장폐지되면 돈 버는 미국 우선주

한국에 우선주가 있다면 당연히 미국에도 비슷한 것이 존재하겠죠. 미국 우선주(Preferred Stock)는 한국의 우선주와 비슷하면서도 차이가 있습니다. '만기'가 존재하는 경우가 많기 때문입니다. 만기일이 지났을 때 상장폐지가 된다면 확정수익(또는 확정손실)을 볼 수 있습니다. 일반적으로 주식은 상장폐지를 당하면 휴지조각이 됩니다. 그런데 만기일이 다가올수록 주가가 특정 가격에 수렴한다면 이걸 노리고 투자하는 것도 가능합니다.

미국 우선주 투자하기

금리가 수년간 계속 오르다 보니 채권에 관심을 가지는 분이 많아졌습니다. 은행 예적금, 주식, 펀드는 일반인이 쉽게 접할 수 있지만 채권은 아무래도 금융업에 종사하지 않으면 접근하기가 쉽지 않습니다. 그런데 고금리 시대가 이어지며 확정수익을 얻을 수 있는 채권 ETF가 인기를 끌고 있습니다. 갑자기 채권 이야기는 왜 했을까요? 바로 미국 우선주가 채권과 유사한 개념이기 때문입니다.

미국 우선주는 '우선증권'이라고도 하며, 대부분 주식 시장에 상장되어 있습니다. 전통적인 채권과 마찬가지로 만기일과 확정금리가 존재합니다. 주로 금융권에서 발행을 하는데 우선주는 금융권의 필수 자본 비율을 유지하기 위해 발행되는 경우가 많습니다. 일반인도 대출이 0원인 사람보다는, 어느 정도 대출을 가지고 착실하게 갚아나가는 사람의 신용등급이 더 높잖아요? 이와 같은 이치입니다. 참고로 현금 부자인 삼성전자, 애플도 부채가 존재합니다.

우선주는 '확정금리+확정수익'이라는 장점이 있습니다. 손실가능성도 매우 낮으며, 기업에 이상이 없다면 확정된 수익을 보장해주기 때문에 안정적인 미래 현금흐름을 원하는 투자자에게는 제격입니다. 예를 들어 이런 종목이 있습니다.

Bank of America Corp | 4.250% Dep Shares Non-Cumul Preferred Stock Series QQ (티커: BAC-Q, BAC.PRQ)

일단 이름이 굉장히 깁니다. 마치 한국의 펀드명처럼 암호와 같은 느낌입니다. 해석하면 뱅크오브아메리카에서 발행한 4.25%의 확정금리를 주는 비누적적 우선주로 시리즈명은 'QQ'입니다.

4.250%	Dep Shares	Non-Cumul	Preferred Stock	Series QQ
확정금리		비누적적	우선주	시리즈명(종목명)

보통 미국 주식을 검색할 때 나오는 티커는 단 하나인데 우선주는 주식 사이트마다 제각각이어서 맨 끝자리로 구분해야 합니다. 각사 사이트에서 개별 발행 현황을 검색해볼 수도 있지만, 전체 우선주를 비교하는 사이트를 활용하는 것이 좋습니다. 앞서 잠깐 소개한 '프리퍼드 스톡 채널(Preferred Stock Channel)'을 추천합니다. 보통주와의 주가를 비교하고, 배당 지급 현황 등을 확인할 수 있습니다.

Series:	QQ
Alternate symbology:	BAC-Q, BAC-PQ, BACprQ
Redeemable?:	Yes
Call Date:	11/17/2026
Perpetual?:	Yes
Cumulative?:	No
Shares Offered:	52,000,000
Liquidation Preference:	$25.00
Recent Market Price:	$18.68
Discount to Liquidation Preference: (More Preferreds Trading at a Discount »)	$-6.32 (-25.28%)
Annualized Dividend:	1.0625
Recent Ex-Date:	4/30/2024
Current Yield:	5.69%
Original Coupon:	4.25%
Pay Period:	Quarterly
Pay Dates:	17-Feb, 17-May, 17-Aug, 17-Nov

● 프리퍼드 스톡 채널에서 살펴본 우선주 BAC-Q의 정보

1. Alternate Symbology(심볼)

예를 들어 구글 파이낸스에서 검색한다면 'BAC-Q'로 검색해야 합니다. 사이트별로 차이가 있습니다.

2. Call Date(매입권리 발생 기준일)

가장 중요한 매입권리 발생 기준일입니다. 이 날이 지나면 발행한 기업에서 정해진 가격(Liquidation Preference)으로 매입할 수 있는 권리가 생기기 때문에, 갑자기 하루아침에 상장폐지를 당할 수 있습니다. 보통 25달러를 기준으로 하며 현재 주가와 관계없이

25달러에 판매될 수 있습니다.

3. Discount to Liquidation Preference(매입가격 대비 할인율)

매입가격 대비 할인율입니다. 이 종목은 현재 18.68달러에 거래되고 있습니다. 정해진 가격(25달러) 대비 25.28% 할인된 가격에서 거래되고 있다는 뜻입니다.

4. Origianl Coupon(고정배당률)

발행 당시의 고정배당률입니다. 이 종목은 4.25%가 고정 배당률입니다. 주당 1.0625달러(25달러×4.25%)를 매년 지급받을 수 있습니다.

5. Current Yield(현재 배당률)

현재 배당률입니다. 주가가 떨어질수록 배당률은 올라갑니다. 주가가 25% 떨어졌기 때문에 배당률은 반대로 25%가 올라간 5.69%입니다.

6. Pay Period(배당 주기)

이 종목은 분기 배당으로 1년에 4번 배당을 받을 수 있습니다. 지급일은 매년 동일한 날짜입니다.

이런 종목을 왜 사나요?

여기까지 읽었다면 이러한 종목을 사는 이유가 궁금할 것입니다. 미국 우선주는 만기일이 다가올수록 주가가 25달러에 수렴하게 됩니다. 만약 만기가 한 달 남았는데 주가가 24달러라면 한 달 만에 1달러의 확정수익을 얻을 가능성이 높아집니다. 거기다 보통주보다 좀 더 높은 배당을 지급하는 경우가 많기 때문에 대형 은행의 우선주라면 오히려 25달러보다 높은 가격에서 거래되는 경우가 많습니다. 매입일까지 투자하면 확정배당으로 인해 안정적인 현금흐름을 얻을 수 있겠죠.

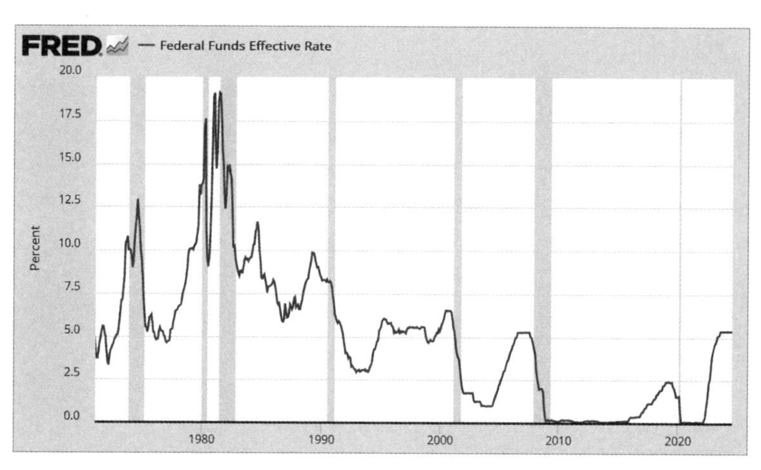

● 미국 연방기금금리(FFER)

자료: FRED

그런데 최근 기준금리가 올라가면서 채권 가격이 폭락한 바 있습니다. 은행 예금 이자가 3%만 되어도 높다고 했던 게 수년 전인데 이제는 4%도 낮아 보입니다. 그만큼 기준금리가 오를수록 확정금리를 주는 채권의 가치는 떨어질 수밖에 없습니다. 미국 우선주도 채권의 형태이기 때문에 금리가 올라가면서 가격이 폭락한 상태입니다.

BAC-Q의 주가를 보면 2021년까지는 25달러 이상에서 거래되었지만, 2022년부터 급격하게 하락했음을 알 수 있습니다. 주가가 폭락했는데 왜 이런 종목을 주목해야 할까요? 바로 만기일이 얼마 남지 않았기 때문입니다. 이 종목은 2026년 11월

● BAC-Q의 주가

자료: Google Finance

17일이 만기일입니다.

만기일 날짜를 기준으로 발행사인 뱅크오브아메리카가 매입 권리를 실행한다면 25달러에 판매되면서 시세차익을 볼 수 있습니다. 2024년 9월 26일 기준 20.9달러이니 차익은 주당 4.1달러입니다. 거기다 확정배당금까지 받을 수 있으니 딱 1년만 보유하면 만기일이 다가올수록 주가가 올라가는 것을 실감할 수 있습니다. 고작 2~3년도 안 되는 기간에 20%에 가까운 수익을 얻을 수 있기 때문에 금리가 고점일 때 투자하기 안성맞춤인 종목입니다. 저는 미국 5대 은행의 우선주에 관심을 갖고 따로 모아서 관리를 하고 있습니다.

미국 우선주도 ETF가 있다

당연히 이런 종목만 모아둔 ETF도 있습니다. 아직 국내에는 비슷한 ETF가 없기 때문에 미국에 상장된 종목만 확인해보겠습니다. 20개 정도의 ETF가 있지만 이 중 운용 규모가 큰 종목 몇 개만 살펴보겠습니다.

블랙록에서 만든 PFF는 우선주 관련 ETF 중 규모가 가장 큽

미국 우선주 ETF

티커	ETF명	운용사	수수료	배당률
PFF	iShares Preferred & Income Securities ETF	블랙록	0.46%	5.86% (2024년 9월 3일)
PGX	Invesco Preferred ETF	인베스코	0.50%	5.56% (2024년 9월 23일)
FPE	First Trust Preferred Securities and Income ETF	퍼스트 트러스트	0.85%	6.09% (2024년 9월 26일)
PFFD	Global X U.S. Preferred ETF	글로벌X	0.23%	6.01% (2024년 9월 5일)

니다. 2007년 상장되어 440개가 넘는 미국 우선주에 대해 단일 ETF 형태로 투자할 수 있습니다. 인베스코의 PGX는 전체 자산의 80% 이상을 미국 우선주에 투자합니다. 2008년 1월 상장되었으며 262개의 종목으로 구성되어 있습니다. 우선주 ETF 투자를 고려한다면 이 밖에 FPE, PFFD도 좋은 대안이 될 수 있습니다.

그러나 미국 우선주를 ETF로 사는 건 추천하고 싶지 않습니다. 어디까지나 확정배당금과 만기 도래로 인한 시세차익을 목표로 한 투자이므로, 배당 수익만 기대할 수 있는 ETF를 굳이 수수료까지 부담하면서 살 이유는 없다고 생각합니다. 또 대부분의 우선주는 기준금리 변화에 따라 비슷한 흐름으로 주가가 움직이기 때문에 ETF를 사는 것과 2~3개 종목을 사는 것의 차이가 그리 크지 않습니다.

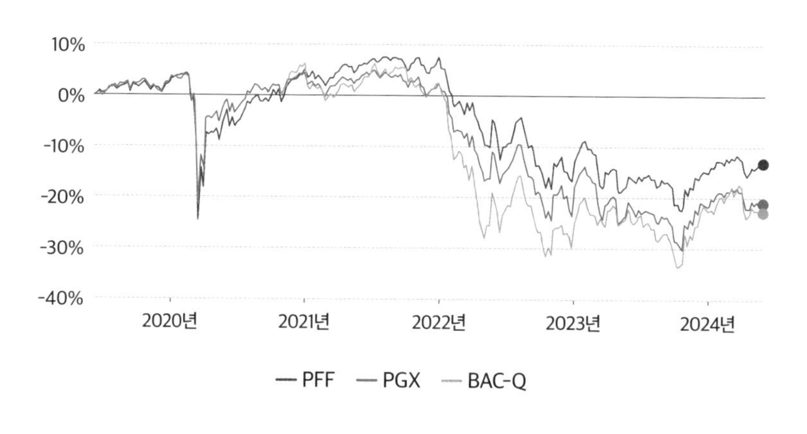

ETF인 PFF, PGX와 개별 종목인 BAC-Q의 수년간 주가 흐름을 살펴보면 거의 유사하게 움직임을 알 수 있습니다. 만약 미국 우선주에 관심이 있다면 굳이 수수료를 내면서 ETF로 매수하기보단 기업 자체의 상장폐지 가능성이 낮은 5대 은행(제이피모건, 뱅크오브아메리카, 모건스탠리, 웰스파고, 씨티그룹) 위주로 투자하는 게 좋습니다.

25달러에서 현재 주가를 빼면 그만큼의 시세차익을 계산해볼 수 있습니다. 남은 날짜를 고려해 연평균 수익률을 예측해봅시다. 25달러 기준으로 많이 할인되고, 만기가 가까울수록 좋습니다. 물론 고정배당금도 높을수록 좋기 때문에 할인가격, 만기일,

배당금 3가지 조건을 종합적으로 고려하기 바랍니다. 다시 금리가 떨어지면 고정배당률 4.25%를 지급하는 우선주들의 가격은 이미 25달러 위에서 거래되고 있을 것입니다.

지주사 VS. 종속사

SK텔레콤은 들어봤는데 SK라는 종목은 생소합니다. LG전자는 보유하고 있어도 LG라는 종목은 익숙하지 않습니다. '지주사'는 보통 다음 3가지 항목에 해당합니다.

1. SK, LG, CJ, GS, DL 등 내가 아는 회사의 브랜드명만 있다.
2. AK홀딩스, 하이트진로홀딩스, 세아홀딩스처럼 뒤에 '홀딩스'가 추가되었다.
3. 롯데지주, 하나금융지주처럼 뒤에 '지주'가 추가되었다.

대한민국에는 현재 85개의 지주사가 상장되어 있습니다. 생각보다 많죠? 2023년 기준으로 국내 상장 지주회사의 NAV* 대비 할인율은 평균 54%라고 합니다. 이번에는 상장 지주사들의 개요와 투자 노하우를 알아보겠습니다.

여기서 잠깐!

NAV: 순자산가치(Net Asset Value)를 뜻하는 말로 기업의 모든 자산에서 부채를 뺀 나머지 자산의 가치, 즉 주주들의 몫으로 순수하게 남는 자산을 뜻한다.

지주회사란 무엇인가?

'지주사'로 흔히 부르지만 정식 명칭은 '지주회사(持株會社)'입니다. 지주회사는 지배회사 또는 모회사라고도 하며 산하에 있는 종속사, 즉 자회사의 주식을 전부 또는 일부 지배가 가능한 한도까지 매수함으로써 기업 합병에 의하지 않고 지배하는 회사를 말합니다. 이제는 흔해진 방식이지만 IMF 외환위기 전까지만 해도 지주사 방식은 불법이었다고 합니다. IMF 외환위기 전에는 순환출자 방식을 통해 재벌이 형성되었으나, 이후에는 재벌 그룹 대부분이 지주회사 체제로 개편되었습니다.

지주회사는 일반적으로 순수 지주회사와 사업 지주회사로 나뉩니다. 순수 지주회사는 소유한 자회사들의 주식에서 나오는 배당, 상표권 수익, 부동산 임대를 통해 수익을 창출합니다. 사업 지주회사는 배당, 상표권뿐만 아니라 직접적인 영업활동을 통해 수익을 창출합니다.

예를 들어 (주)LG의 직원 수는 199명으로 계열사인 LG전자의 직원 수 3만 6천 명과 비교하면 엄청난 차이가 있습니다. 그럼 199명이 있는 회사와 3만 6천 명이 있는 회사의 실적 현황을 비교해볼까요?

두 회사를 비교해보면 여러 가지를 유추해볼 수 있습니다. 먼저 LG와 LG전자의 실적은 어느 정도 비례합니다. 지주사인 LG의 규모가 LG전자보다 작고, 지주사의 가치가 자회사보다 낮게 평가되고 있습니다. 우리는 여기서 지주사의 가치가 자회사보다 낮게 평가되고 있음에 주목해야 합니다. LG는 LG전자에 비해 PER, PBR이 모두 낮고 배당률은 훨씬 높습니다. LG만 이런 게 아닙니다. 국내 대기업 지배구조의 최상단에 위치한 지주사는 대부분 '만년 저평가'라는 꼬리표를 달고 있습니다.

LG vs. LG전자

(단위: 억 원)

구분	LG			LG전자		
	2021년	2022년	2023년	2021년	2022년	2023년
시가총액	127,257	122,852	135,122	225,834	141,555	166,593
매출액	68,590	71,860	74,453	739,080	834,673	842,278
영업이익	24,601	19,414	15,890	40,580	35,510	35,491
당기순이익	26,840	21,158	14,143	14,150	18,631	11,506
PER	5.0	6.2	10.7	21.9	11.8	23.4
PBR	0.60	0.48	0.52	1.31	0.75	0.85
EPS	15,499	12,347	7,867	10,885	5,705	6,616
배당률(%)	3.5	3.8	3.6	0.9	0.6	0.8

지주사가 자회사보다 항상 저평가를 받는 이유를 살펴볼까요? 지주사와 종속사의 본질적인 가치는 별도로 존재합니다. 그런 상황에서 만일 자회사의 기업 가치가 모회사에서 중복 계산된다면 합산된 시가총액은 계속 커지겠죠. 반복되어 물적분할을 통해 자회사를 상장시킨 카카오가 이런 경우에 속합니다. 지주사가 가진 자회사의 지분 100%를 다 인정받으면 더블카운팅*이 발생할 수밖에 없습니다. 시장은 이를 감안해 지주사가 가진 자회사의 지분을 어느 정도 가감합니다. 그러다 보니 국내에서 지주사 할인은 당연하게 받아들여지고 있습니다.

 여기서 잠깐!

더블카운팅: 더블카운팅이란 모회사와 자회사가 상장했을 때 두 기업의 가치가 시가총액에 중복되어 계산되는 것을 말한다. 자회사의 실적이 모회사 연결기준 실적에 반영되다 보니 추가적인 자회사 상장은 모회사 주가에 악재로 작용할 수 있다.

수년 전 LG에너지솔루션이 LG화학으로부터 물적분할되면서 관련 이슈에 대해 국내 투자자들도 민감하게 받아들이기 시작했습니다. 단순히 네이버에 각사의 이름을 검색해보면 우선주를 제외하고 상장된 종목이 LG그룹은 10여 개, 카카오는 4개입니다. 반면 해외는 물적분할이 드뭅니다. 구글은 유튜브를 포함한 어떤 개별 서비스도 상장시키지 않고 모회사 '알파벳' 한 곳만 상장되어 있습니다.

더블카운팅 문제로 인해 한국 지주사의 저평가는 불가피해 보입니다. 하지만 그 정도가 너무 심하다는 의문도 듭니다. 지주사가 보유한 자회사 지분에 대한 할인율이 지나치게 높아지면, 상대적 저평가 구간에 진입할 수 있습니다. 반대로 장기 평균 할인율보다 낮아지면 지주사가 고평가 구간에 있다고 볼 수 있습니다.

LG의 최근 5년간 NAV 대비 할인율과 상장 지분가치의 추이

LG NAV 할인율과 상장 지분가치

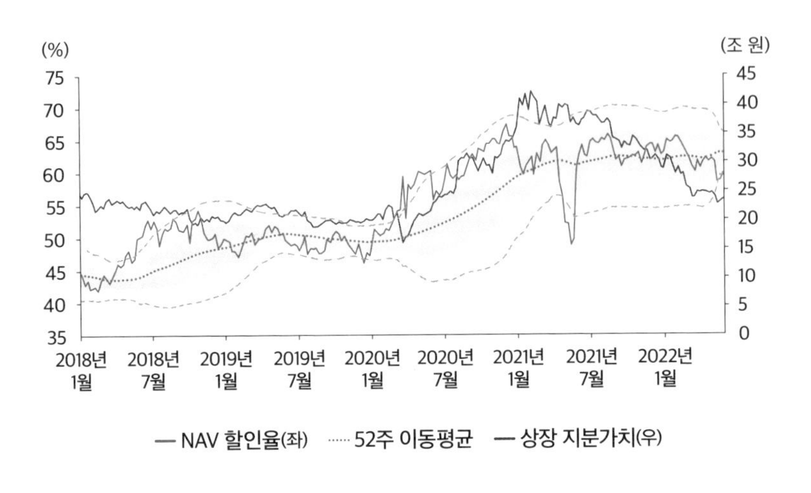

자료: Quantiwise, 이베스트투자증권 리서치센터

를 확인해봅시다. 2020년 이전까지 할인율은 약 50% 수준이었으나 코로나19 시기를 거치며 급격히 상승했습니다. 자회사들의 시가총액은 증가했지만 지주사는 상대적으로 덜 올랐기 때문입니다. LG와 가장 큰 자회사인 LG전자와 최근 5년 주가를 비교해보면 차이는 극명합니다. 5년 전에 비해 LG전자는 64.87% 오른 반면, LG는 15.58% 상승했습니다. 여기에 LG화학, LG에너지솔루션까지 합세한다면 실제로 LG가 보유한 자회사의 지분가치는 훨씬 큽니다. 다른 내용을 제외하고 단순히 '주가÷실적'만을 비

교해봐도 5년 전에 비해 지주사가 충분히 저평가임을 알 수 있습니다.

최근 들어 지주사 주가를 재평가해야 한다는 목소리가 높아지고 있습니다. 기존의 단순 관리 형태의 순수 지주사에서 투자형인 사업 지주회사의 형태가 증가하고 있기 때문입니다.

기업 밸류업 프로그램

2024년 국내 주식 시장의 주요 화두 중 하나는 기업 밸류업 프로그램입니다. 일본에서 성공적으로 시행된 정책을 모델 삼아 상대적으로 저평가된 한국 기업의 가치를 제고하려는 정책입니다. 기업 가치의 기준은 사람마다 다르겠지만 밸류업 프로그램에서는 PBR 1.0을 기준으로 삼습니다. PBR 2~3배는 어렵더라도 최소한 자기가 가지고 있는 자산 가치만큼은 평가를 받아야 한다는 말입니다.

밸류업 프로그램의 일환으로 주주환원 확대 분위기가 거세지고 있습니다. 자사주 매입과 소각, 배당금 증액 등으로 주주들을 위한 정책을 유도하고 있습니다. 현재 지주사의 주주환원 정책은 주당 배당금의 상향 여부에 집중되어 있습니다. 배당금 증액뿐만 아니라 분기·반기 배당을 시행하는 기업도 등장하기 시작했습니다.

지주사 주당 배당금 추이

(단위: 원)

기업명	주당 배당금			
	2020년	2021년	2022년	2023년
SK	5,000	7,000	5,000	5,000
LG	2,500	2,800	3,000	3,100
CJ	2,000	2,300	2,500	3,000
LS	1,450	1,450	1,550	1,600
삼성물산	2,300	4,200	2,300	2,550
POSCO홀딩스	8,000	17,000	12,000	10,000
HD현대	3,700	5,550	4,600	3,700
롯데지주	1,000	1,500	1,500	1,500

실적 증가에 따라 지주사들의 배당금이 늘면서 배당률을 최소 3% 이상 유지하는 기업이 보이기 시작했습니다. 배당금 지급뿐만 아니라 자사주 매입까지 진행하면서 여러 주주환원 정책을 확대할 것으로 보입니다.

투자 아이디어는 단순합니다. 상장된 자회사들의 지분가치

합계보다 지분가치가 낮은 지주사가 여럿 보이는 상황입니다. 만약 지주사 할인이 해소되고 미국처럼 경영권 프리미엄을 붙인 가격으로 지주사가 재평가된다면 주가는 지금보다 훨씬 높아지겠죠. 물론 그러기 위해서는 물적분할 등 기업 가치를 훼손하는 관행부터 사라지는 게 우선입니다. 지주사 NAV 대비 평균 할인률 50%라는 것은 제값을 받으면 2배까지 상승 여력이 있다는 의미입니다. 기업 밸류업 프로그램의 성공 여부에 따라 지주사들의 주가 향방이 달라질 것입니다.

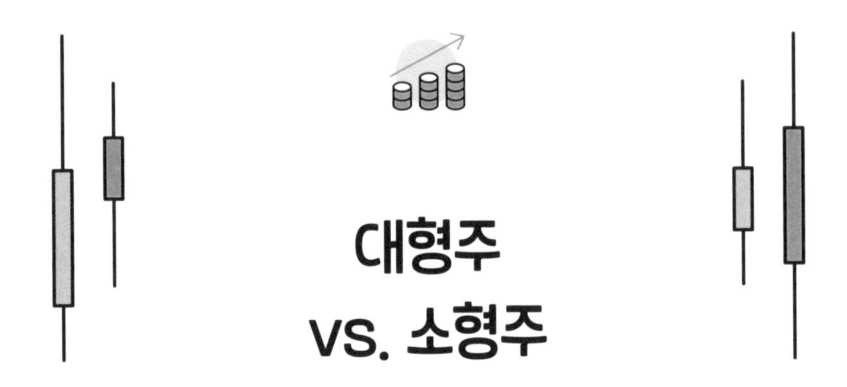

대형주 VS. 소형주

코스피와 코스닥 중 하나를 택해야 한다면 저는 무조건 코스피의 손을 들어줄 것입니다. 코스닥은 작고 못 미더운 기업이 넘쳐나기 때문입니다. 다만 미국이라면 이야기가 달라집니다. S&P500에 속하는 초대형 대기업을 제외하면 미국에도 소위 '소형주'라 할 만한 기업이 있습니다. 러셀2000지수에 속한 기업들이 대표적이죠. 미국에서 소형주여도 우리에게는 대기업 수준입니다.

미국 소형주가 S&P500과 비교하면 20년 동안 가장 낮은 PER을 기록했다는 사실을 알고 있나요? 우선 지수 상황을 살펴보기 전에 러셀2000지수에 대해 알아보겠습니다. 해외, 특히 미국 주식에 투자하는 분이라면 S&P500, 다우존스, 나스닥은 잘 알 것입니다. 그러나 상대적으로 '러셀'이라는 단어는 생소합니다. 상대적으로 규모가 작은 기업이 모여 지수를 이루고 있기 때문입니다.

미국 주식 시장에 상장된 기업 가운데 시가총액 기준으로 상위권에 속한 기업은 S&P500이나 다우존스에 포함되어 있습니다. 반대로 시가총액이 낮은 기업들, 정확하게 1,001등부터 3천 등까지의 2천 개 기업을 가지고 만든 지수가 바로 러셀2000입니다. 한국에서 대기업의 기준이 코스피200이라면, 미국은 워낙 경제 규모가 크기 때문에 보통은 1천 등까지 대기업에 해당됩니다. 러셀2000의 기업은 미국의 중견·중소기업에 해당한다고 보면 이해가 쉽습니다.

대기업도 시작은 소형주

애플, 테슬라, 구글처럼 이름만 들어도 아는 기업의 주가 변동은 매일매일 뉴스로 확인할 수 있습니다. 실적 이슈로 10%씩 주가가 변동하면 그날은 시장이 시끄럽습니다. 반대로 소형주는 어떨까요? 소리 소문 없이 상장폐지를 당해도 뉴스에서 소식을 찾아보기 힘든 게 현실입니다. 대세로 떠오른 S&P500, 그중에서 빅테크 종목의 주가는 끝도 없이 오르고 있습니다. 계속해서 고평가 이슈가 나오고 있는데 반해, 미국 소형주는 상대적으로 덜 오른 상황입니다.

지금은 전 세계에서 가장 큰 기업인 애플도 시작은 중소기업이었습니다. 1976년 스티브 잡스와 그의 고등학교 친구였던 스티브 워즈니악이 차고에서 애플을 창업했던 것처럼 모든 대기업도 시작은 미약했습니다. 보통 10배 이상 상승하는 텐베거뿐만 아니라, 100배씩 성장하는 기업 역시 대부분 중소기업입니다. 애플의 주가가 지금부터 10배가 되긴 어렵겠지만, 반대로 시가총액 100억 원짜리 기업이 1천억 원이 되는 건 훨씬 쉬울 것입니다.

다만 러셀2000에 속한 개별 종목이 아닌 러셀2000을 추종하는 ETF 투자를 권하는 이유는 10배씩 성장할 중소기업을 발굴하는 게 쉽지 않기 때문입니다. 관련 업계 종사자나 예전부터 관심을 갖던 기업이 아닌 이상 정보가 적은 중소형주에 대해 알기란 굉장히 어렵습니다. 또한 시장이 불안할 때는 생각지도 못한 이유로 큰 폭으로 주가 변동이 발생하기도 합니다.

러셀2000을 추종하는 ETF

그렇다면 2천 개나 되는 중소형주를 모아둔 ETF로는 어떤 게 있을까요? 러셀2000지수를 추종하는 미국 상장 ETF는 10개나 됩니다. 전체 총자산은 580억 달러 규모로 S&P500 ETF에 비하면 적은 편입니다. 평균 수수료는 0.8%이나 블랙록의 IWM(0.19%), 뱅가드의 VTWO(0.1%)만 낮은 수준이고 나머지는 1% 수준입니다. 만약 과감하게 투자하겠다면 러셀2000을 추종하는 3배 레버리지 ETF인 'TNA'가 있지만 이건 논외로 합시다.

수수료 0.19%와 0.1%도 낮은 편이지만 수치로만 보면 거의 2배나 차이가 납니다. 혹시라도 IWM과 VTWO의 장기 성과가 다른 걸까요? 그렇지는 않습니다. 아주 미세한 차이는 있지만 누적 수익률만 보면 아무래도 수수료가 적은 VTWO가 IWM보다 미세하게 앞서고 있습니다. 다만 시가총액 규모는 IWM이 VTWO보다 10배 이상 많습니다. 규모가 큰 쪽에 투자하고 싶다면 IWM, 그래도 수수료가 최저인 곳에 투자하고 싶다면 VTWO를 선택하면 됩니다.

규모가 큰 IWM을 자세히 알아보겠습니다. 이름은 'iShares Russeell 2000 ETF'입니다. 2000년 5월 블랙록에 의해 상장되

Shockwave Medical, Inc.	0.43%	Murphy Oil Corporation	0.28%
U.S. Dollar	0.40%	RBC Bearings Incorporated	0.28%
Chart Industries, Inc.	0.33%	SouthState Corporation	0.27%
Matador Resources Company	0.31%	Chord Energy Corporation	0.27%
Karuna Therapeutics, Inc.	0.28%	Iridium Communications Inc.	0.27%
		Total Top 10 Weighting	3.13%

● IWM의 상위 10개 종목 비중 자료: etf.com

었고, 2024년 9월 25일 기준 배당률은 1.38%로 낮은 편입니다. 코로나19 직후였던 2020년 3월 2.06%까지 치솟았던 전례가 있습니다.

상위 10개 종목의 구성을 보면 가장 비중이 큰 쇼크웨이브 메디컬도 0.43%밖에 되지 않습니다. 10개를 모두 합쳐도 3.13%이니 2천 개 기업에 분산 투자한다는 것이 어떤 의미인지 실감이 나죠? 2천 개 중 1~2개가 사라지더라도 주가지수에는 크게 영향이 없다는 장점이 있습니다(실제로 자주 사라집니다). 정확히 2천 개는 아니고 1,969개의 종목을 보유하고 있습니다. 섹터별로는 금융 24.12%, 헬스케어 13.74%, 기술서비스 8.98% 순입니다. 아무래도 규모의 경제가 중요한 유틸리티는 대기업인 경우가 많으니 러셀2000에서는 가장 적은 비중(3.3%)입니다.

최근 10년간은 소형주보다 대형주 투자의 수익률이 훨씬 높았던 시기입니다. 특히 애플과 테슬라 등 이른바 빅테크 종목이 성장하면서 전 세계 시가총액에서 차지하는 비중이 엄청나게 올라갔습니다. 그런데 이런 상황이 앞으로도 지속될까요? 기간에 따라 다르지만 2010년대는 중소형주가 대형주보다 높은 수익률을 기록하기도 했습니다.

패러다임의 전환은 보통 10년이 소요됩니다. 과거 10년간 그랬으니 앞으로 영원히 그 상황이 지속될 것이라는 생각은 지양해야 합니다. 지금까지는 대형주의 시대였다면 앞으로는 중소형주의 시대가 오지 않을까요? 그때가 된다면 S&P500보다 러셀2000이 훨씬 높은 수익률을 기록하고 있을지도 모릅니다.

핵심요약

- 2,400개가 넘는 국내 주식 중에서 우리도 굳이 골라야 한다면 외국인이 좋아하는 종목을 골라야 합니다.
- 진흙 속에서 숨은 진주를 찾는 국내 고배당주, 무한경쟁 속에서도 앞서나가는 미국 배당성장주 중 여러분은 어디에 투자하고 싶은가요? 꼭 하나만 고집하지 말고 적절히 섞어서 투자하길 권합니다.
- 건물을 직접 소유하지 않고 주식 형태로 쉽게 사고팔 수 있는 리츠는 매력적인 대안이 될 수 있습니다.

- 우선주는 주주로서의 권리를 행사할 수 없는 대신 보통주에 비해 많은 배당금이 지급된다는 장점이 있습니다.
- 기업 밸류업 프로그램의 성공 여부에 따라 지주사들의 주가 향방이 달라질 것입니다.
- 지금까지는 대형주의 시대였다면 앞으로는 중소형주의 시대가 오지 않을까요? 그때가 된다면 S&P500보다 러셀2000이 훨씬 높은 수익률을 기록하고 있을지도 모릅니다.

무릎에 사서 어깨에 팔라는 말은 최저점에 매수해서 최고점에 매도하는 것이 불가능하다는 현실을 인정하면서도, 가능한 한 저평가되었을 때 사서 고평가되었을 때 팔라는 지혜를 담고 있습니다. 어느 정도 싸게 사서 적당히 오르면 욕심 부리지 말고 팔라는 말입니다. 하지만 현실은 어떨까요? 우리가 주식을 사는 시점이 정말 '무릎'인지, 파는 순간이 '어깨'인지는 아무도 확신할 수 없습니다. 10% 상승했다고 어깨라고 판단해 팔았는데 알고 보니 배꼽도 안 된 경우도 있습니다. 심지어 팔고 잊어버렸다가 1년 뒤에 보니 주가가 2~3배 올라 있기도 합니다.

시장에서 살아남는 배당 투자 마인드셋

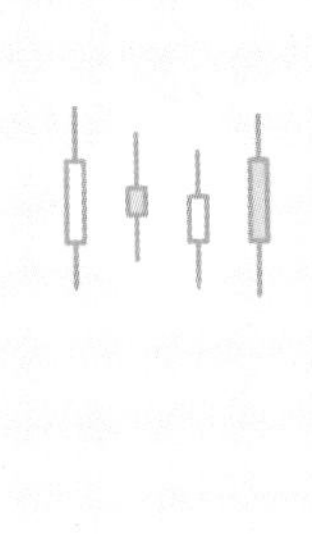

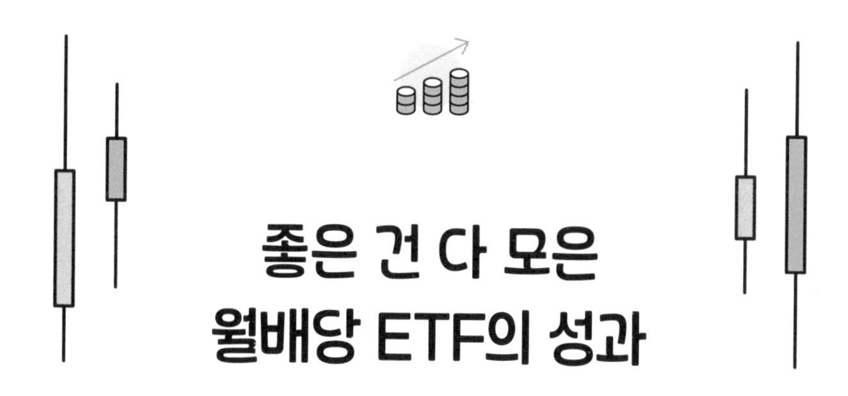

좋은 건 다 모은 월배당 ETF의 성과

최근 2~3년 사이 국내 주식 시장은 크게 두 갈래로 나뉜 분위기입니다. 에코프로를 필두로 이차전지, 배터리 테마를 선호하는 부류와 안정적인 배당을 지향하는 월배당 ETF에 투자하는 부류로 말이죠. 특히 한국에서 월배당 ETF의 인기는 하늘을 찌릅니다. 이미 국내에 상장되어 있는 월배당 ETF만 60개가 넘습니다. 매월 신규 출시되고 있으니 그야말로 월배당 ETF의 홍수입니다. 차고 넘치는 월배당 ETF 중에 무엇을 고르는 게 좋을까요? 다 비슷비슷하게 느껴진다면, 좋은 건 다 모은 ETF에 투자하는 건 어떨까요?

월배당 ETF의 끝판왕 등장?

전 세계에서 가장 배당을 많이 주는 100개 종목으로 구성된 월배당 ETF가 있습니다. 콘셉트만 들어도 매력적으로 느껴집니다. 바로 SDIV(Global X SuperDividend ETF)입니다. 이름에서부터 뭔가 남자의 로망과 같은 단어가 2개나 보입니다. 일론 머스크가 좋아하는 'X'가 보이고, 배당 앞에는 무려 '슈퍼(Super)'라는 단어도 붙어 있습니다. 이 ETF의 콘셉트를 풀이하면 이렇습니다.

- 전 세계에서: 포트폴리오를 분산하면서
- 가장 배당을 많이 주는: 수익률도 최고이고
- 100개 종목으로 구성된: 분산투자로 인해 안정적이고
- 월배당: 매월 수익 정산까지 해주는
- ETF: 나 대신 운용하는 상품

이렇게 보면 어떤가요? 월배당 ETF 중에 이보다 좋은 콘셉트의 상품은 찾기 힘들 것 같습니다. 심지어 운용사 이름까지 '글로벌X'라니 무언가 있어 보입니다. 글로벌X는 2018년 미래에셋자산운용에서 4억 8,800만 달러에 인수한 회사로 미국 뉴욕에 본사

가 있습니다. 글로벌X 브랜드의 ETF는 2024년 6월 기준 93개가 있습니다. 이 중 가장 규모가 큰 건 QYLD로 순자산 82억 달러(약 11조 원) 규모입니다.

QYLD는 나스닥100지수를 기반으로 커버드콜 전략을 활용하는 ETF로 2013년 상장되었습니다. 마찬가지로 월배당 ETF로 서학개미 사이에서 유행을 탔는데, 최근에는 슈드에 인기를 뺏긴 것 같더라고요. 그래도 QYLD는 2022년 기준 서학개미가 받은 해외 주식 배당금 순위에서 2,260만 달러로 2위를 기록했습니다. 국내에 유사한 상품으로는 'TIGER 미국나스닥100커버드콜(합성)'이 있습니다.

다시 본론으로 돌아와서 글로벌X는 2008년 설립된 이후부터 다양한 ETF를 계속 출시하고 있는데, 오늘 우리가 살펴볼 슈퍼배당 SDIV는 2011년 출시된 상품입니다. 글로벌X에서 보유한 115개의 상품 중 순자산 기준으로는 14번째에 위치할 만큼 사랑받는 상품입니다. 2024년 9월 5일 기준으로 배당률은 9.77%입니다. 굉장히 훌륭하죠? 월배당이기 때문에 한 달만 보유해도 약 1%가량 수익이 나는 훌륭한 종목입니다. 그런데 문제가 있습니다.

주가를 보면 어떤가요? 사실 이번 이야기의 교훈이 이 ETF의 주가 추이에 담겨 있습니다. 장점을 앞에서 소개하고 주가를 나중

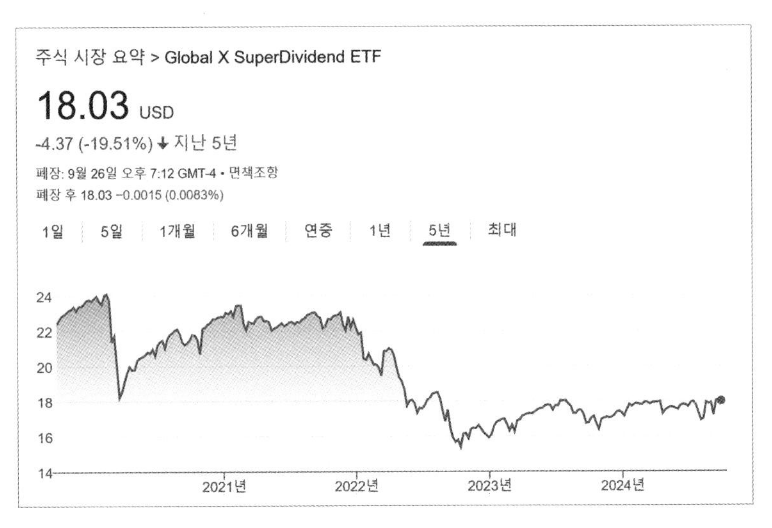

● SDIV의 주가

자료: Google Finance

에 보여준 이유가 보이나요? 기대감이 컸을 텐데 결과는 당황스럽습니다. 상장할 때 73달러에서 시작했던 주가는 현재 18달러 수준으로 13년 넘게 하락세를 이어오고 있습니다. 분명히 ETF의 소개만 보면 이럴 일이 없는데 이상하지 않나요? 콘셉트만 보면 대박일 것 같았는데 말이죠.

저도 배당주를 좋아하지만 이러한 함정을 조심해야 합니다. 앞으로도 여러 배당 ETF가 시장에 출시될 텐데요. SDIV의 사례를 통해 불필요한 시행착오를 겪는 일은 없도록 합시다. SDIV에 대해 하나씩 살펴보겠습니다.

1. 수수료

2~3배 레버리지 상품처럼 수수료가 너무 높은 걸까요? 아닙니다. 수수료는 문제가 없습니다. 이 상품의 연간 수수료는 0.58%로 다른 ETF보다 크게 높지는 않습니다. 물론 지수 추종 ETF에 비하면 꽤 높은 편이긴 하지만 주가가 한 번도 오르지 못할 정도로 큰 요인은 아닙니다.

2. 국가, 섹터 비중

전 세계에 투자한다고 했으니, 혹시 파산하기 일보 직전의 국가 위주로 포트폴리오를 구성한 건 아닐까요? 만약 중국 부동산 건설주에 큰돈을 투입했다면 이해가 될 법도 합니다. 분명 전 세계에서 배당률이 가장 높은 100개 종목이라고 했으니 말이죠. 유감스럽게도 포트폴리오 비중을 보면 그렇지 않습니다. 2024년 9월 26일 기준 포트폴리오 상위권은 미국(35.9%), 홍콩(9.5%), 영국(7.4%)으로 1/3 이상이 미국 기업입니다. 워낙 힘들었던 중국은 3.7%로 비중이 적어 주가를 좌지우지할 정도는 아닙니다. 그럼 섹터는 어떨까요? 고배당주인만큼 금융(24.4%), 에너지(23.9%), 리츠(13.8%) 순서입니다. 금융의 비중이 높은 건 딱히 이상하지 않습니다.

Top Holdings As of 09/26/24 FULL HOLDINGS (.CSV)

Net Assets (%)	Ticker	Name	SEDOL	Market Price ($)	Shares Held
1.51	551 HK	YUE YUEN INDUSTRIAL HLDG	6586537	1.85	6,816,500
1.35	ADRO IJ	ADARO ENERGY IND	B3BQFC4	0.25	45,185,500
1.28	VLK NA	VAN LANSCHOT KEMPEN NV	5716302	47.07	226,600
1.26	MFEA IM	MFE-MEDIAFOREU-A	BLC8J12	3.49	3,017,414
1.25	SIRI-R TB	SANSIRI PCL-NVDR	6363354	0.06	176,979,800
1.24	14 HK	HYSAN DEVELOPMENT CO	6449629	1.65	6,275,800
1.23	MPW	MEDICAL PROPERTI	B0JL5L9	5.90	1,743,434
1.22	GRT SJ	GROWTHPOINT PROP	BBGB5W0	0.82	12,321,290
1.20	PTBA IJ	BUKIT ASAM TBK PT	6565127	0.21	48,732,400
1.20	VALE3 BZ	VALE SA	2196286	11.81	846,000

● SDIV의 포트폴리오 구성 종목 자료: 글로벌X

3. 구성 종목

역시 종목이 문제이지 않을까요? 상위 10개 중에 이름을 들어본 기업이 사실 하나도 없습니다. 유원공업홀딩스, 아다로에너지, 반란쇼트 캠펜 등 대부분 이름을 들어본 적 없는 마이너한 기업 위주입니다. 전 세계를 대상으로 투자하고 있으니 유명한 기업이 아니라 해서 이상할 건 없습니다. 포트폴리오를 보면 국가, 섹터뿐만 아니라 종목까지 분산 투자를 했으니 정석대로 투자한 것처럼 보입니다. 이름이 생소해도 실적이 좋고 배당만 안정적으로 지급하면 문제는 없겠죠.

문제는 종목 선정 방식

그럼 무엇이 문제일까요? 저는 '종목 선정 방식'에 있다고 봅니다. 상품 설명에서 종목 선정 방식을 번역하면 다음과 같습니다.

> 전 세계에서 배당률이 6~20% 사이인 종목 중 시가총액 500만 달러 이상인 종목을 기준으로 분기별 리밸런싱을 수행합니다.

슈퍼배당이란 이름답게 무려 배당률 20%까지 종목 선정 범위를 넓혔습니다. 그런데 배당률이 20% 가까이 되는 종목은 보통 정상적인 상태가 아닙니다. 기업에 문제가 있어서 주가가 크게 하락한 경우가 대부분입니다. 기존의 배당금을 기준으로 배당률을 가정했기 때문에 실제 배당금을 계산하면 20%가 나오지도 않습니다. 주가가 추가로 하락하는 경우도 많고요. 고배당주의 하락은 보통 다음과 같은 순서로 진행됩니다.

1. 고배당주의 실적이 감소
2. 일시적으로 월등한 배당률을 보임
3. 이익금 감소로 배당 유지 불가

4. 배당금 삭감

5. 배당금 감소로 주가도 하락

실제로 SDIV가 투자 중인 종목은 상당히 자주 바뀝니다. 얼마 전만 해도 포트폴리오에서 최대 비중을 차지한 기업은 미국의 부동산 금융회사(레디 캐피털)였습니다. 지금은 홍콩 회사(유원공업홀딩스)가 비중 1위를 차지하고 있죠. 처음 보는 종목이 대부분이고 이마저도 리밸런싱 기간 동안 계속해서 바뀝니다. 결국 애매한 종목을 싸게 사고파는 방식으로 운용되면서 주가가 장기적으로 하락한 것입니다.

그럼 배당금은 어떨까요? 슈퍼배당이란 이름답게 배당을 잘 주고 있을까요? 실적이 감소하면 자연스럽게 배당금도 유지하지 못합니다. 포트폴리오의 속한 종목이 주가가 하락해 일시적으로는 10% 이상의 고배당이 나오더라도, 적자 기업이라면 번 돈보다 많은 배당을 지급할 수 없겠죠.

슈퍼배당이라는 이름이 무색하게 지급하는 배당금은 매년 감소 중입니다. 2014년 주당 4.46달러를 지급했는데 10년이 지난 2023년 2.65달러로 오히려 감소했습니다. 10년 동안 배당금이 성장하기는커녕 감소했다는 사실은 실망스러울 수밖에 없습니다. 배당이 떨어졌는데 주가까지 떨어져 지금의 배당률이 유지되

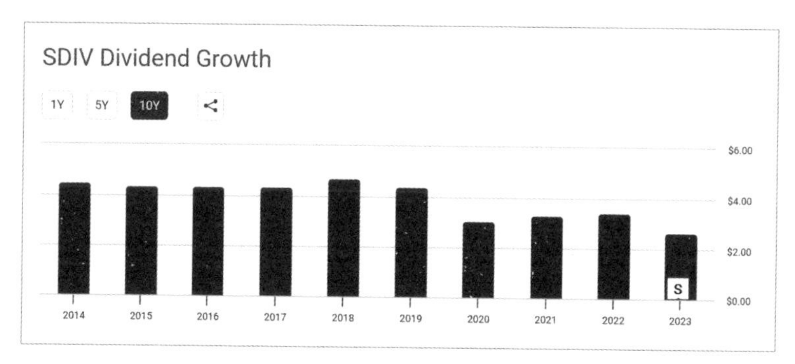

● SDIV의 최근 10년 배당금 자료: 시킹 알파

었다는 건 참 슬픈 일입니다.

이렇듯 고배당주의 함정은 항상 조심해야 합니다. 슈드처럼 배당성장 ETF가 유행하는 이유가 있습니다. 당장의 배당률은 높지 않더라도 지속적으로 성장할 수 있는 우량한 기업을 선호하기 시작했다는 것은 좋은 현상입니다. 국내 투자자들도 조금은 성숙해졌다는 뜻이니까요. 좋은 것만 다 모아두면 어딘가 함정이 숨어 있습니다. 장점만 보지 말고 숨어 있는 리스크를 파악하면서 투자하는 자세를 가지도록 합시다. 배당주 투자의 첫 번째 리스크는 고배당주의 함정에 빠지는 것이니까요.

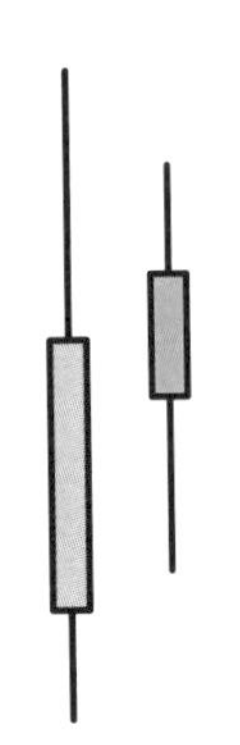

저성장 시대,
돈이 돈을 번다

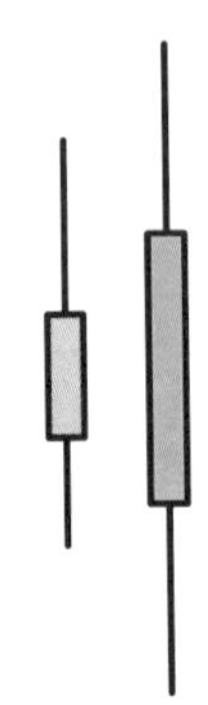

지금의 MZ세대의 인생은 이전 세대와는 완전히 다릅니다. 대한민국 경제성장률은 한때 10%가 넘기도 했습니다. 올해 1억 원을 투자하면 내년 기대수익률이 1천만 원 이상이란 뜻입니다. 그런데 저성장 구간에 접어들며 경제성장률은 2%대가 되었습니다. 심지어 2023년은 1.4%로 전 세계 평균인 3.1%보다도 훨씬 낮은 수치를 기록했습니다. 이것뿐일까요? 대한민국의 저출산과 고령화 속도는 세계 최고 수준입니다. 개발도상국의 지위도 끝났고, 일을 할 청년의 숫자도 줄어들고 있습니다. 오늘날의 청년에게는

대한민국 경제성장률

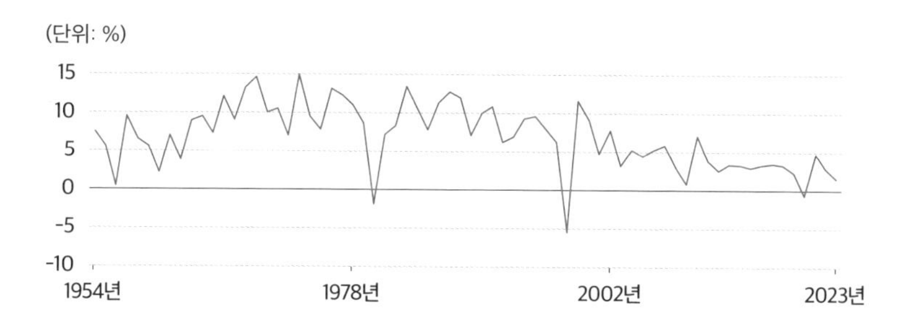

자료: 한국은행

'부모보다 가난한 첫 번째 세대'라는 불명예스런 꼬리표가 붙어 있습니다.

과거에는 성장하는 기업에 투자하는 게 정답이었습니다. 실제로 건실한 기업은 매년 10% 이상 가치가 계속해서 올랐습니다. 1990년대 삼성전자에 투자했다면 50배 이상을 벌 수 있었죠. 다음은 〈머니투데이〉 2022년 10월 27일 기사입니다.

> 최원호는 과거 사업에 도전했다가 실패한 경험이 있다고. 그는 "1980년대 말, 1990년대 초였다. 사업 실패하고 6~7개월간 택시 기사를 했다"며 "그다음 토스트 장사를 6개월 정도 했다. 동대문 옷 장사와 그릇 방문 판매도 했다. 그릇 팔아 번 돈으로 1995년에

> 삼성전자 주식을 샀다"고 밝혔다. (…) 최원호는 "주식은 아무리 짧아도 5년 이상 봐야 한다. 부동산은 10~20년 기다리면서 주식은 왜 쉽게 사고파냐"며 "5년 뒤인 2000년에 내 집 없는 서러움이 너무 커서 주식을 매도하고 아파트를 샀다"고 설명했다. 그는 당시 수익에 대해 "1억 5천만 원을 투자해서 5년간 5억 원 이상으로 만들었다. 3배 이상이었다"고 밝혀 놀라움을 안겼다.

택시기사를 하면서 삼성전자 주식을 꾸준히 사 모은 최원호 씨의 사례가 유명하죠? 삼성전자에만 장기 투자한 최원호 씨는 수년 전 〈유 퀴즈 온 더 블럭〉에 출연해 2020년 삼성전자 주식을 팔고 미국 기술주에 투자하기 시작했다고 말했습니다. 국가와 기업이 발전하는 단계에 투자해서 대박이 났지만 이제는 한국이라는 나라도, 삼성전자라는 기업도 수십 배 성장하기는 어려워 보였을 것입니다.

예전처럼 기업이 폭발적으로 성장하지 못하는 시대가 되었습니다. 물론 여전히 어떤 기업은 앞으로도 대박을 내겠죠. 그러나 정확히 어떤 기업이 10년 뒤에 대박이 날지 맞추는 건 쉬운 일이 아닙니다. 누군가는 성공하겠지만 성공하지 못한 나머지 기업에 투자한 사람들은 실패를 경험할 것입니다.

저 역시 어떤 기업이 10년 뒤 성공할지 모릅니다. AI의 선두주자가 엔비디아와 마이크로소프트일 것이라고 예측한 사람은 많지 않았습니다. 전 세계 시가총액 1위는 영원히 애플일 것 같았는데 이젠 엔디비아와 마이크로소프트가 그 아성을 넘보고 있죠. 여러분은 최원호 씨처럼 20년 뒤에 대박이 날 것 같은 기업을 미리 찾아서 버틸 수 있나요? 저는 못합니다.

돈이 돈을 벌어주는 시스템

고도성장이 끝나버린 이 시기에 우리는 어디에 투자해야 할까요? 저는 돈이 돈을 벌어주는 회사에 투자해야 한다고 봅니다. 일본은 노인 세대가 자산이 많고, 젊은이는 가난하다고 알려져 있습니다. 심지어 가진 것도 차이가 나는데 연령대가 높을수록 저축하는 비율도 높다고 합니다. 이미 돈을 가지고 있으니 그 돈을 투자해서 더 많은 돈을 굴리는 것이죠. 소득 격차에서 자산 격차로, 자산 격차에서 투자 격차로 이어지는 것입니다. 결국 저성장 시기에는 이미 현금을 많이 보유한 회사에 투자해야 합니다. 그 회사가 다른 곳에 투자하면서 수익을 내기 때문입니다.

예를 들어 대표적인 현금 부자 '보험사'를 볼까요? 많은 글로벌 보험사가 해외로 진출한 상태입니다. 북미의 메트라이프, AIG, 유럽의 알리안츠, AXA, 일본의 도쿄해상, 중국의 핑안보험 등은 이미 글로벌 지역으로 사업을 확장했습니다. 예전에 말레이시아 쿠알라룸푸르 출장을 간 적이 있는데, 도심 한복판에 위치한 큰 건물들은 말레이시아 현지 기업의 것이 아닌 글로벌 보험사의 해외 지사였습니다. 해외에 진출해 이미 가진 자산을 바탕으로 성장하는 기업들에 투자하고 있는 것입니다. 이렇게 투자로 거둔 수익은 주주들에게 배당으로 지급됩니다.

10년 뒤에도 현금을 쌓아두고 있을 만한 기업은 어디일까요? 이번엔 국내 주식을 예로 들어볼까요? 현금흐름이 좋은 대표적인 국내 기업은 SK텔레콤, 삼성화재 등이 있습니다. 팬데믹과 같은 일이 발생해도 핸드폰 요금은 매월 지불해야 합니다. 나이를 먹을수록 보험비도 올라갑니다. 딱히 사업을 확장할 생각도 없어 보이고, 새로운 경쟁 상대도 등장할 것 같지 않습니다. 이런 분야는 성장성이 낮은 대신 영업으로 인한 현금 수익의 대부분을 배당으로 지급합니다.

낮은 PER과 PBR, 높은 배당률을 지급하는 기업을 찾다 보면 지속적으로 성장할 기업보다는 통신, 금융과 같은 전통 산업군이 눈에 띕니다. 이런 기업에 투자한다면 수년 만에 수십 배 시세차익을 내는 건 어렵겠지만 꾸준한 배당으로 '돈이 돈을 벌어주는

국내 대표 통신, 보험 종목 리스트

분야	종목명	주가 (2024년 9월 27일)	배당금	배당률
통신	SK텔레콤	5만 6,600원	3,500원 (2023년)	6.25% (2023년 12월)
	KT	4만 300원	1,960원 (2023년)	4.86% (2023년 12월)
	LG유플러스	9,870원	650원 (2023년)	6.59% (2023년 12월)
보험	삼성생명	9만 4,400원	3,700원 (2024년)	3.91% (2024년 9월 27일)
	삼성화재	35만 2,500원	1만 6천 원 (2024년)	4.53% (2024년 9월 27일)
	DB손해보험	11만 4,600원	5,300원 (2024년)	4.62% (2024년 9월 27일)
	현대해상	3만 3,650원	2,063원 (2024년)	6.13% (2024년 9월 27일)

시스템'에 합류할 수 있습니다.

과거에는 은퇴하고 작은 빌라를 사서 월세를 받는 삶이 로망이었다면, 앞으로는 배당주에 투자해 꾸준히 배당금을 받는 삶이 각광받을 것입니다.

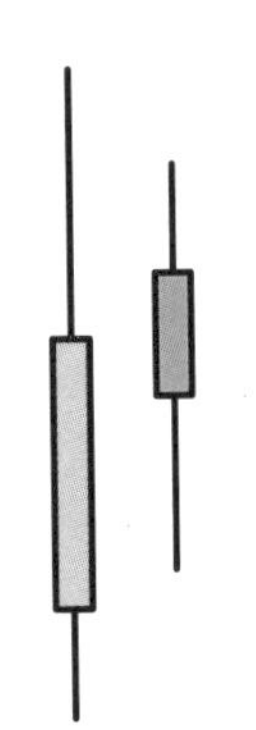
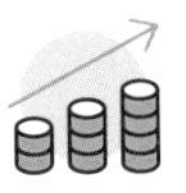
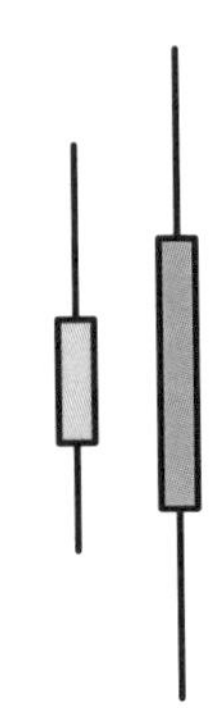

내가 팔면 주가가 오른다?

억울하게도, 내가 팔면 주가가 오릅니다. 반대로 내가 사면 주가가 떨어집니다. 심지어 그날 최고점에서 매수하고 매일 5%씩 떨어지는 악몽과 같은 상황을 겪기도 합니다. 배당주에 투자해 안전하게 노후 준비를 할 생각이었는데 주가가 하락해 하루 만에 연간 배당금이 통째로 날아가면, 그야말로 눈앞이 캄캄해집니다. 하지만 걱정하지 마세요. 이런 경험은 성장 과정에서 필연적으로 겪는 관문입니다.

무릎에 사서 어깨에 팔라는 말은 최저점에 매수해서 최고점에 매도하는 것이 불가능하다는 현실을 인정하면서도, 가능한 한 저평가되었을 때 사서 고평가되었을 때 팔라는 지혜를 담고 있습니다. 어느 정도 싸게 사서 적당히 오르면 욕심 부리지 말고 팔라는 말입니다. 하지만 현실은 어떨까요? 우리가 주식을 사는 시점이 정말 '무릎'인지, 파는 순간이 '어깨'인지는 아무도 확신할 수 없습니다. 10% 상승했다고 어깨라고 판단해 팔았는데 알고 보니 배꼽도 안 된 경우도 있습니다. 심지어 팔고 잊어버렸다가 1년 뒤에 보니 주가가 2~3배 올라 있기도 합니다.

> "너무 많은 투자자들이 예측과 추세에 초점을 맞추고 있다. 하지만 가치에 초점을 맞출 때 더 많은 수익이 얻어진다."

월가의 살아 있는 전설, 존 템플턴의 말입니다.

관건은 무릎에 사는 것

요즘에는 증권 앱에서 친절하게 매입단가를 기준으로 '발' '무릎' '어깨' '머리'의 가격을 보여주기도 합니다. 만일 주가가 일정한

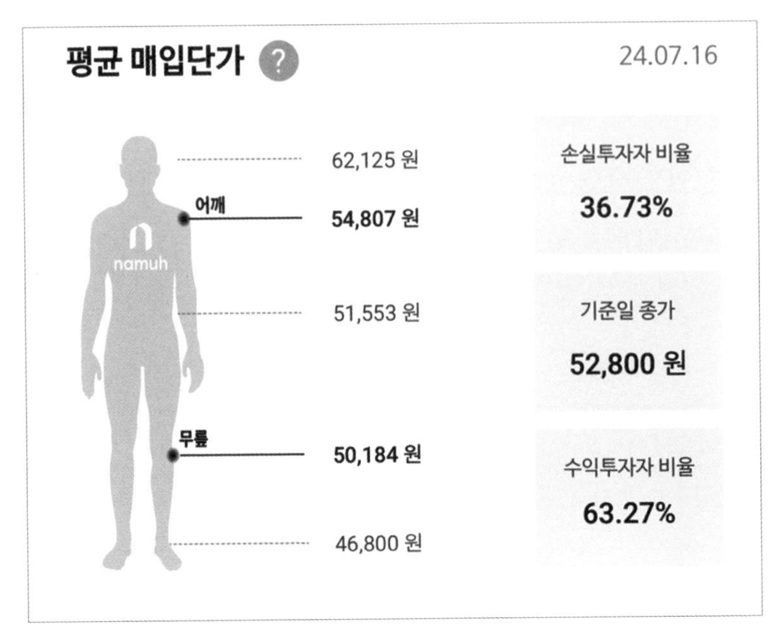

● SK텔레콤의 발, 무릎, 어깨, 머리의 가격 자료: 나무증권

패턴으로 오르내림을 반복한다면 이런 기준점을 활용할 수 있겠지만 현실은 그렇게 단순하지 않습니다. 특히 변동성이 큰 종목은 이런 패턴을 찾기가 더욱 어렵습니다.

그나마 SK텔레콤처럼 전통적인 배당주라면 무릎과 어깨를 구분하기 쉽습니다. 손실투자자 비율이 적을수록, 수익투자자 비율이 높을수록 주가가 꾸준히 올라가고 있다는 뜻입니다. 여기서 강조하고 싶은 점은 '어깨'가 아닙니다. 좋은 종목을 샀다면 특별한 이유가 없는 한 팔지 않으니 어깨를 찾을 필요도 없습니다. 꾸준히 가지고만 있어도 높은 배당을 받을 수 있으니까요. 그러므로 관건은 발가락은 어렵더라도 무릎 정도에는 살 수 있어야 한다는 것입니다. 시간이 지나고 나면 무릎이었다는 것을 쉽게 알 수 있지만 매수 시점에는 용기가 필요합니다.

무릎인지 아닌지 정확히 알아내는 것은 불가능하지만 다음과 같은 징조가 보인다면 대략적인 가늠은 가능합니다. 예를 들어 통상 3~4%의 배당을 지급하던 종목의 배당률이 6%가 훌쩍 넘고, 온갖 악재만 눈에 보입니다. PER과 PBR 기준으로 동종 업계 평균보다도 훨씬 낮은 수치를 기록하고, 가치투자는 끝났다는 말도 들립니다. 예전부터 돈을 잘 버는 회사가 하루아침에 망할 것 같은 착각에 빠지게 됩니다.

이럴 때 시장의 공포에 휩쓸리지 말고 심호흡을 한 다음, 언론의 자극적인 기사를 무시하고 숫자만 바라보면서 다음 질문에 하나씩 답을 내려봅시다.

1. 1년 뒤 망할 가능성이 있는가?
2. 지금 주가는 과거 대비 객관적으로 싼 편인가?

우선 가장 중요한 질문은 망할 가능성에 대한 부분입니다. 당장 망할 일이 없고, 꾸준한 현금흐름을 창출하는 기업이라면 주가가 장기적으로 하락할지언정 하루아침에 망하지는 않습니다. 예로 들었던 SK텔레콤 역시 위기는 있었습니다. 언론에서 5G 요금제 가입 인원 증가율이 둔화되었다는 소식과 함께 주가가 떨어지기도 했습니다. 5G 요금제 가입 인원 증가율은 둔화되었지만 어찌되었든 전체 요금의 합계는 올라가고 있습니다. 4G든 5G든 분명히 내년에도 핸드폰을 쓰고 있을 테고 여전히 통신비는 낼 테니까요.

두 번째 질문은 지금의 주가가 과거 대비 저렴한지에 대한 부분입니다. 이 질문에 대한 판단은 많은 의견이 있겠지만, 저는 배당률을 기준으로 생각해야 한다고 봅니다. 최근 5~10년 평균 배당률을 기준으로 객관적으로 주가가 싼 편인지 판단을 내려야 합니다. 예를 들어 리얼티 인컴의 최근 5년 배당률과 주가를 살펴볼까요?

배당률이 치솟았던 코로나19 시기를 제외하면 2023년 10월 6.5%까지 올라갔습니다. 주가와 배당은 반비례하기 때문에 배당률 차트를 그대로 거꾸로 뒤집으면 리얼티 인컴의 주가가 됩니다. 5년 동안 꾸준히 4%대의 배당을 주던 종목이 주가가 떨어져서 6%가 넘는 배당률을 기록합니다. 더군다나 30년 넘게 배당을 지급한 종목이라면 해당 기간 동안의 평균 배당률을 기준으로 이보다 낮으면 고평가, 높으면 저평가라고 볼 수 있습니다.

2023년 10월 말 6.5% 배당률을 기록한 시점은 가격이 객관

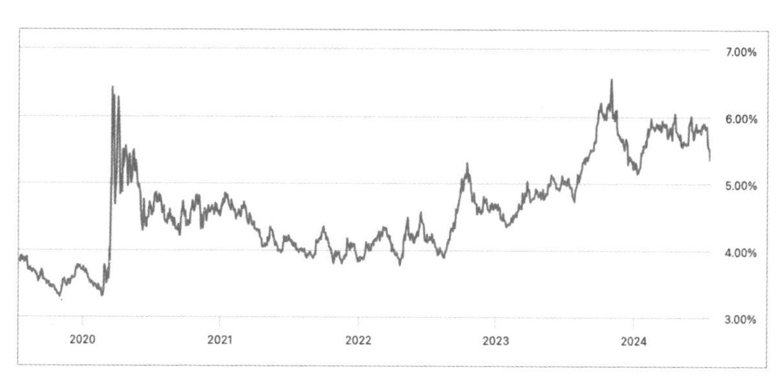

● 리얼티 인컴의 최근 5년 배당률 자료: 시킹 알파

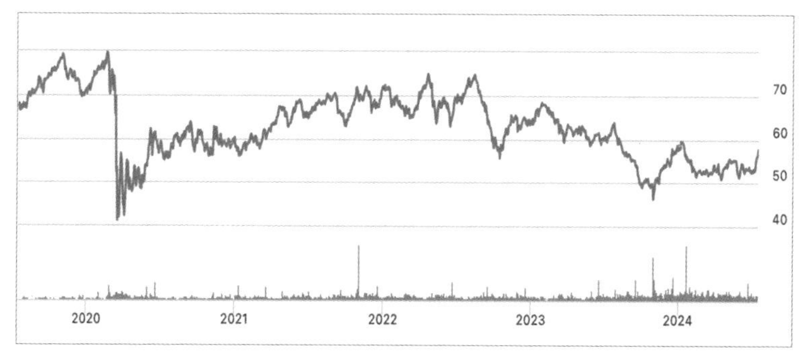

● 리얼티 인컴의 최근 5년 주가 자료: 시킹 알파

적으로 싸다고 할 수 있습니다. 만약 이때 46~47달러 사이에서 매수했다면 6.5%에서 시작해 2~3년 뒤에는 매수가 대비 7%가 넘는 배당을 받고 있겠죠.

언론의 자극적인 기사에 주목하지 말고 숫자만 바라보면서 투자한다면 저렴하게 매수할 기회가 생깁니다. 1~2년 안에 망할 가능성은 없으면서 과거 평균 배당률을 기준으로 지금 가격이 싼지 비싼지를 판단하면 됩니다.

좋은 종목이라면 평생 투자할 각오를 해야 한다고 했죠? 이런 종목은 무릎에 사서 평생 가져갑시다.

중위험 중수익은 허상이다

처음 주식 투자를 할 때는 금방 부자가 될 것이라 생각합니다. 하루에 딱 1%씩 1년 내내 수익을 내면 10억 원쯤이야 금방 모을 것 같습니다. 그러다 매일 단타를 치는 고위험 투자를 한다고 해서 고수익이 보장되지 않는다는 사실을 금방 깨닫게 됩니다. 그렇다고 안전한 은행 예적금만 하기에는 시간이 아깝습니다. 예적금이 안전한 건 맞지만 어느 세월에 부자가 될 수 있을까요? 평생 가더라도 부자는 안 될 것 같습니다. 고위험은 감수하기 싫고, 저수익도 재미가 없습니다. 그런 상황에서 일명 '중위험 중수익' 상품이 눈에 들어오기 시작합니다.

2016~2018년 사이에 P2P금융*이라는 게 유행했습니다. 이미 대출이 어느 정도 있는 사람이라면 추가로 은행에서 추가 대출은 승인이 안 나고, 그렇다고 대부업체에서 돈을 빌리기에는 이자가 너무 비쌉니다. P2P금융은 이런 분들을 중간에서 연결해 개인 간 대출로 수익을 얻을 수 있다는 발상으로 급속도록 성장한 사업모델입니다.

여기서 잠깐!

P2P금융: P2P(Peer-to-Peer)금융이란 온라인 플랫폼을 통해서 개인과 개인 간에 직접 자금을 대출하고 상환받는 금융 서비스를 말한다. 대출과 투자를 연결하는 핀테크의 일종으로 중위험 중수익을 보장한다는 문구로 인기를 끌었다.

대부분의 P2P금융이 8~10% 정도의 수익률을 내세우며 투자 기간(12~24개월) 동안 매월 이자 수익을 받을 수 있다고 광고했습니다. 정말 꿈만 같은 이야기입니다. 1천만 원을 넣으면 못해도 매월 6만 6천 원 정도의 수익이 나왔으니, 투자금을 늘리면 늘릴수록 이자 수익이 꽤 짭짤하게 쌓였습니다. 12개월짜리가 만기가 되면 그 돈을 곧바로 다른 상품에 넣었습니다. 사회초년생 시절 이렇게 P2P금융에 돈을 넣고 빼기를 반복했습니다. 결과는 어땠을까요? 지금 와서 고백하지만 2천만 원 정도를 날렸습니다. 사회초년생에게 2천만 원은 정말로 큰돈입니다.

중위험 중수익의 숨은 함정

분명히 중위험 중수익이라고 했는데, 중수익을 얻다가 왜 갑자기 원금을 통째로 날리게 된 걸까요? 여기에는 숨은 문제점이 있습니다.

1. 은행에서 돈을 못 빌린다면 이미 고위험

아파트를 매수하거나, 사업을 하다 보면 은행에서 돈을 빌리게 됩니다. 보통 은행은 2가지 방식으로 돈을 빌려줍니다. 먼저 개인과 법인의 신용도에 따라 신용대출이 가능합니다. 신뢰도가 높을수록 더 많은 돈을 빌릴 수 있죠. 그다음으로 담보대출이 가능합니다. 가장 유명한 건 역시 주택담보대출이죠. 이뿐만 아니라 법인의 경우 건물, 자동차, 주식, 지식재산권까지 담보가 가능합니다. 그런데 신용과 담보를 벗어난 수준의 대출은 은행에서 먼저 거부

합니다. 손해가 날 가능성이 높기 때문입니다. P2P금융으로 돈을 융통하는 사람들은 어떤 유형일까요? 은행에서 돈을 빌리지 못했기 때문에 P2P금융을 이용할 확률이 높습니다. 그런 사람을 믿고 투자한다는 것은 이미 고위험이라는 뜻입니다.

2. 법의 테두리를 벗어난 P2P금융 플랫폼

가장 큰 문제는 P2P금융 플랫폼이 법적인 보호장치가 없다는 데 있습니다. 온라인 플랫폼은 개인 간 대출을 중개하고 중간에서 관리하는 역할을 합니다. 그런데 그 플랫폼은 누가 관리할까요? 정체 모를 사업가가 플랫폼을 만들고 중간에서 마진을 챙기면서 상품마다 담보가 있으니 걱정하지 말라고 합니다. 그 결과는 다음과 같습니다.

- 루프펀딩: 2018년 중순까지 2천억 원의 펀딩을 기록했으나, 2018년 9월 연체율 50%가 넘어서 소위 '돌려막기'를 하다가 대표이사가 사기 혐의로 구속
- 펀듀: 연체율이 90%를 넘자 사업장을 폐쇄한 후 대표가 해외로 도주
- 헤라펀딩: 2018년 5월 130억 원대 대출잔액을 남겨놓고 부도 처리
- 2시펀딩: 2018년 5월 회사 대표가 700억 원대 자금 들고 잠적

- 오리펀드: 2018년 6월 130억 원대 사기 대출 의혹이 제기되자 대표 잠적
- 아나리츠: 임직원이 1천억 원대 투자금을 제멋대로 사용해 투자금 편취 및 횡령
- 빌리: 한때 업계 3위였으나 2018년 허위 담보대출로 사기 및 횡령으로 대표 구속
- 팝펀딩닷컴: 2020년 사기 혐의로 고소 및 폐업

저도 이 중 특정 업체에 투자를 했고 원금을 100% 날린 경험이 있습니다. 담보는 존재하지 않았고, 대표는 도망갔습니다. 중위험 중수익이 아니라 고위험 저수익의 투자였습니다.

비트코인도 안전하다 하는 세상

비트코인을 일컬어 세상에서 가장 안전한 자산이라는 분들도 있습니다. '암호화폐'이기 때문에 아무도 해킹할 수 없다고 하죠. 콜드월렛을 쓰거나, 암호화 기술만 이야기하면 맞는 말입니다. 그런데 수년에 한 번씩 꼭 보이는 뉴스가 있습니다. 바로 '거래소 해

킹'입니다. 잊을만 하면 한 번씩 거래소가 해킹되고 혹은 파산하면서 순식간에 돈을 날리곤 합니다. 해킹 외에도 자잘한 사고는 끝이 없습니다.

암호화폐 거래소 리스크

시기	거래소명	피해 규모	피해 원인	피해 결과	발생 국가
2014년 2월	마운트곡스	4,700억 원	디도스	파산	일본
2015년 1월	비트스탬프	55억 원	악성코드	피해 보상	룩셈부르크
2017년 6월	빗썸	30억 원	직원 PC 해킹	피해 보상	한국
2017년 12월	유빗	172억 원	핫월렛 해킹	파산	한국
2018년 1월	코인체크	5,700억 원	해킹	매각	일본
2018년 2월	비트그레일	1,921억 원	해킹	파산	이탈리아
2024년 2월	DMM비트코인	482억 원	해킹	피해 보상	일본

심지어 스테이블코인이라는 루나코인 사태도 2022년부터 현재진행형입니다. 코인을 만든 사람도 믿을 수 없고, 거래소도 신뢰할 수 없습니다. 아무도 내 돈을 보장해주지 않습니다. P2P금융이나 암호화폐보다는 제도권에 있는 주식이 오히려 안전합니다. 지속적으로 배당을 지급하는 기업들은 실제로 회사가 존재하고 있고 돈을 벌고 있습니다. 사업모델이 확실하고 갑자기 대표가 내 돈을 들고 도망갈 걱정은 하지 않아도 됩니다.

예적금처럼 저위험 상품은 아쉽고 암호화폐와 같은 고위험 상품은 겁이 난다면, 유일하게 허상이 아닌 중위험 중수익을 기대할 수 있는 배당주는 어떨까요? 매월 들어오는 배당금은 절대로 허상이 아닙니다.

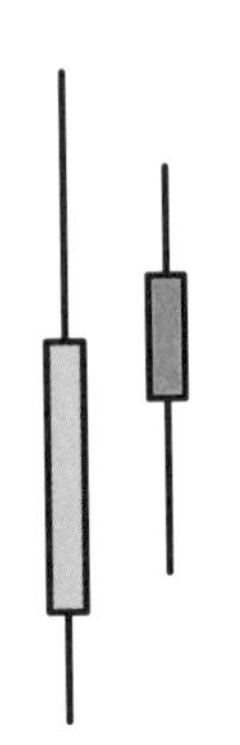
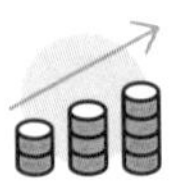
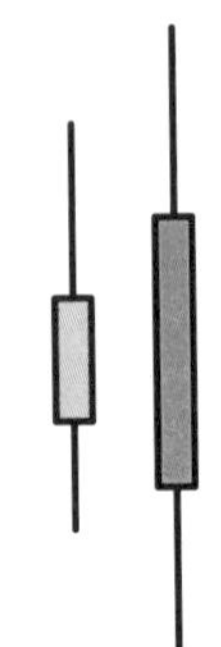

찬바람이 불면 배당주가 당긴다

"찬바람 불 땐 배당주에 투자하라."

겨울이 다가오면 자주 접하는 표현입니다. 바로 '찬바람이 불면 배당주를 사라'라는 말이죠. 매년 반복되는 기사가 있습니다. 다음은 〈머니투데이〉 2023년 9월 27일 기사입니다.

최근 증시가 대내외 이슈로 지지부진한 모습을 보이면서 배당주 투자에 대한 관심이 쏠리고 있다. '찬바람 불 땐 배당주에 투자하라'는 증시 격언이 있을 정도로 3분기는 배당주 투자 적기이기도 하다. 7일 한국거래소에 따르면 최근 들어 외국인은 시가총액 상위주와 함께 전통적 고배당주들을 쇼핑하고 있다.

한국 기업은 연말 배당인 경우가 대부분이라 3분기 때 슬슬 배당주를 사면 3~4월에 배당금이 들어오는 게 일반적입니다. 분기 배당이 늘었다고는 하지만 여전히 추워지기 시작하면 '어떤 종목이 좋을까?'를 고민하게 됩니다.

아무거나 사면 큰일 난다

가장 쉽게 배당률을 확인하는 방법은 네이버페이 증권에서 국내 주식들을 배당금 순서로 정렬하는 것입니다. 배당수익률 순으로 쭉 정렬하고 과거 3년 배당금과 배당성향을 함께 비교해봅니다. 2024년 9월 27일 기준 가장 배당수익률이 높은 종목은 한국패러랠이란 회사입니다. 배당수익률이 무려 1,078.61%입니다.

배당수익률의 근거는 무엇일까요? 대부분은 현재 주가와 작년 배당금을 기준으로 계산됩니다. 한국패러랠 말고도 스타에스

엠리츠, 예스코홀딩스, 에이블씨엔씨 등의 회사가 상위권에 있는데 자세히 살펴보면 배당성향 수치가 굉장히 이상함을 알 수 있습니다. 배당성향이 100%가 넘습니다. 배당성향은 당기순이익 중 배당금의 비율을 말합니다. 기업이 벌어들인 소득에서 주주에게 돌아가는 배당금의 비율인데요. 배당성향이 200%라는 뜻은 무엇일까요? 벌어들인 돈의 2배를 배당금으로 지급했다는 뜻입니다. 과연 올해에도 이렇게 말도 안 되는 배당금을 지급할 수 있을까요? 번 돈보다 지급하는 배당금이 많은 상황이 정상적일 리 없습니다.

적어도 내가 투자하고 있거나 관심이 있는 종목이라면 예상 배당금을 직접 정확하게 계산해봐야 합니다. 우선 불편하지만 꼭 해야 될 작업은 각 기업의 IR 자료나 사업보고서를 확인하는 것입니다. 예를 들어 지주사 CJ의 3분기 IR 자료에는 다음과 같은 배당 기준을 공개하고 있습니다.

> 지속 성장 및 실적 개선 기반 기업가치 상승을 통한 장기적 관점의 주주가치 제고. 예측 가능하고 안정적인 배당을 지급한다는 원칙을 바탕으로 매년 주당 배당금을 유지 또는 상향

주주환원 정책 중 하나로 배당금을 지급하며 2025년까지 재

(단위:억원)

구분	23.1Q	24.1Q	YOY
I. 영업수익	1,091	878	-19.5%
로열티수익	270	277	2.6%
배당수익	807	586	-27.4%
기타수익	14	15	7.1%
II.영업비용	257	203	-21.0%
III. 영업이익	834	675	-19.1%
IV. 법인세비용차감전순이익	820	650	-20.7%
V. 법인세비용(수익)	19	24	26.3%
VI. 당기순이익	801	626	-21.8%

● CJ의 당기순이익 자료: CJ

무제표 기준 당기순이익의 70% 이상을 배당하겠다는 계획입니다. 실제로 2022년(78.4%)과 2023년(90.8%)의 기록을 보면 이 계획을 잘 지키고 있음을 알 수 있습니다.

배당금을 예상해보기 위해 현재까지 누적된 당기순이익을 확인해볼까요? 재무제표 기준으로 2024년 1분기 당기순이익은 626억 원입니다. 전년 대비 떨어지긴 했지만 이걸 기준으로 우리는 대략적인 올해 배당금을 예상해볼 수 있습니다. 만약 4분기까지 당기순이익이 동일하게 이어진다면 배당금은 20% 감소할 수 있습니다. 2023년보다 못한 2,400원 수준의 배당금이 나올 수 있단 뜻입니다.

거기다 이미 앞서 여러 번 언급했던 우선주도 감안해야 합니다. 지주사인 CJ는 본주인 CJ 외에도 CJ우, CJ4우 2개의 우선주가

CJ 분기보고서 우선주식 관련 정보

구분	우선주식
발행 주식 수	2,260,223주
의결권 유무	없음
우선기한	무기한
배당에 관한 사항	비누적적이며 보통주식보다 액면금액을 기준으로 연 1%를 더 배당함
최저 배당률	없음

CJ 분기보고서 신형우선주식 관련 정보

구분	신형우선주식
발행 주식 수	4,226,512주
의결권 유무	없음. 단, 사업연도 총회에서 신형우선주에 대하여 우선배당을 하지 않는다는 결의가 있을 경우 그다음 총회부터 그 우선배당을 한다는 결의가 있는 총회의 종료 시까지 의결권이 있는 것으로 함
전환권 유무	발행 후 10년이 되는 날 보통주로 전환함. 단 존속기간 중 소정의 배당을 하지 못한 경우에는 소정의 배당을 완료할 때까지 그 기간을 연장함
배당에 관한 사항	누적적이며 액면금액을 기준으로 연 2%를 우선 배당함. 단 보통주식의 배당률이 신형우선주식의 배당률을 초과하는 경우 그 초과분에 대하여 보통주식과 동일한 비율로 단순 참가시켜 배당함
최저 배당률	액면금액의 연 2%

존재합니다. 우선주들의 배당금은 어떻게 확인할까요? 마찬가지로 IR 자료나 사업보고서를 확인하면 됩니다.

이번에는 분기보고서에서 관련 내용을 찾아봤습니다. 현재 이 회사가 발행한 보통주식(CJ), 우선주식(CJ우), 신형우선주식(CJ4우)의 수는 각각 29,176,998주, 2,260,223주, 4,226,512주입니다. 여기서 '배당에 관한 사항'이 명시되어 있습니다. 우선주는 '비누적적이며 보통주식보다 액면금액을 기준으로 연 1%를 더 배당함'으로 나와 있군요. 일단 본주보다 최소한의 금액은 더 주겠다는 의미입니다.

신형우선주는 약간 다릅니다. '누적적이며 액면금액을 기준으로 연 2%를 우선 배당'하며 최저 배당률도 '액면금액의 연 2%'라고 명시되어 있습니다(액면가는 5천 원으로 최소 2%인 100원은 지급하겠다는 뜻입니다). 다만 '더 배당함'이라는 말은 없네요.

실제로 우선주가 배당금을 더 지급했는지 2023년 배당금을 확인해볼까요? 2023년 CJ와 CJ4우는 3천 원 CJ우는 3,050원을 지급했습니다. CJ의 시가 배당률은 2.9%, CJ우는 5.7%로 약속을 잘 지키고 있음을 알 수 있습니다.

배당이 무조건 좋기만 한 것은 아닙니다. 몇 가지 주의사항이 있습니다.

1. 배당락

'딱 하루만 가지고 있으면 3~10%까지 배당을 받을 수 있는데, 배당받고 바로 그다음 날 팔면 되겠지?'라는 생각을 해본 적 있나요? 실제로 그런 사람들이 정말로 많다 보니 종종 배보다 배꼽이 큰 경우가 있습니다. 배당락일에 특히 주의가 필요합니다.

배당받을 권리가 없어진 날을 배당락일이라고 하는데요. 배당기준일 당일이나 전날에 주식을 사면 배당금을 받을 수 없습니다. 배당기준일로부터 2거래일 전(T-2일)에 배당을 받을 주주가 확정되므로 배당기준일 1거래일 전(T-1일)이 배당락일이 됩니다.

배당락일의 개념

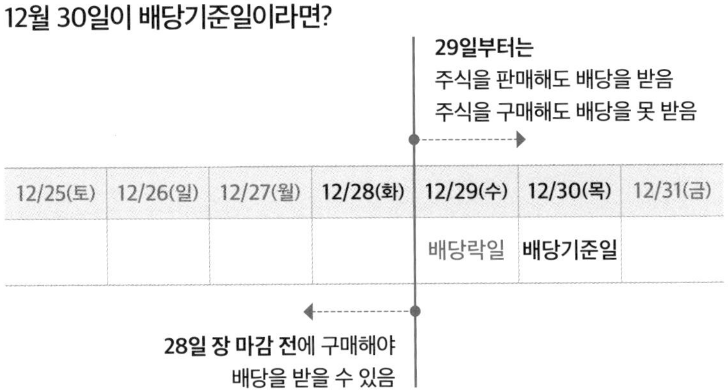

12월 30일이 배당기준일이라면?

29일부터는
주식을 판매해도 배당을 받음
주식을 구매해도 배당을 못 받음

12/25(토)	12/26(일)	12/27(월)	**12/28(화)**	**12/29(수)**	**12/30(목)**	12/31(금)
				배당락일	**배당기준일**	

28일 장 마감 전에 구매해야
배당을 받을 수 있음

자료: 토스증권

배당기준일 전날을 배당에서 탈락한 날, '배당락일'이라고 부르는 이유입니다.

국내 유명 배당주들의 2021년 배당금과 배당락일 주가 하락

기업명	배당금	배당락일 주가 하락
SK텔레콤	1,660원	-3,000원
KB금융	2,190원	-1,400원
HD현대	3,700원	-3,200원
CJ	2,300원	-2,200원

국내 유명 배당주들의 과거 배당금과 배당락일 주가 하락을 보면, 배당금보다 주가 하락이 큰 종목도 보입니다. 이제는 분기 혹은 반기 배당 종목이 늘면서 배당락의 영향이 줄었지만 여전히 조심할 필요는 있습니다. 배당금만 받고 팔겠다는 생각으로 접근했다가 오히려 손해를 볼 수도 있으니까요.

2. 배당소득세, 종합소득세

은행 예적금과 배당 소득은 「소득세법」에 따라 과세 대상에 해당합니다. 이자나 배당을 받으면 수익금의 15.4%가 원천징수됩니다. 결국 1천 원을 배당받으면 실제로 내 손에 들어오는 건 846원이란 뜻입니다. 눈에 보이는 배당금이 그대로 수익이 아닌 이유입

니다. 앞서 사례로 살펴본 CJ의 배당금은 3천 원이었습니다. 배당락으로 감소할 주가와 배당소득세를 감안하면 배당기준일 2거래일 전에 사서 하루 만에 매도 시 오히려 손해를 보게 됩니다.

종합소득세 세율(2023년 귀속)

과세표준	세율	누진공제
14,000,000원 이하	6%	-
14,000,000원 초과 50,000,000원 이하	15%	1,260,000원
50,000,000원 초과 88,000,000원 이하	24%	5,760,000원
88,000,000원 초과 150,000,000원 이하	35%	15,440,000원
150,000,000원 초과 300,000,000원 이하	38%	19,940,000원
300,000,000원 초과 500,000,000원 이하	40%	25,940,000원
500,000,000원 초과 1,000,000,000원 이하	42%	35,940,000원
1,000,000,000원 초과	45%	65,940,000원

자료: 국세청

종합소득세도 간과할 수 없습니다. 이자와 배당 소득이 연간 2천만 원이 넘어간다면 금융소득종합과세를 적용해 근로 및 사업 소득과 합쳐서 누진세율을 적용받습니다. 만약 연봉이 1억 원인 사람이 배당금 2천만 원을 넘기면 2천만 원까지는 15.4%를 적용받고, 그 이후엔 35%라는 엄청난 세금을 내야 합니다. 배당 외 소득이 많다면 연금저축, IRP, ISA를 충분히 활용해야 합니다.

최근 배당 소득 분리과세가 논의되고 있지만 여전히 국회를 통과할 가능성은 낮아 보입니다.

그래도 우리는 배당 투자를 해야 합니다. 배당락이 있지만 대부분 주가는 몇 달 안에 다시 회복합니다. 세금도 아쉽긴 하지만 두려워해서는 안 됩니다. 소득이 있기 때문에 세금을 내는 것입니다. 세금을 내기 싫다면 돈을 벌지 않으면 됩니다. 다만 그건 주객이 전도된 경우로 많이 벌고, 세금도 많이 내는 게 국가와 나를 위해 좋겠죠?

한국의 배당성향은 주요국 대비 여전히 낮습니다. 2022년 기준 20.1%로 주요국 대비 절반에 불과합니다. 미국(40.5%), 영국(45.7%), 일본(36.5%) 등 다른 나라와 비교하면 여전히 짠 편

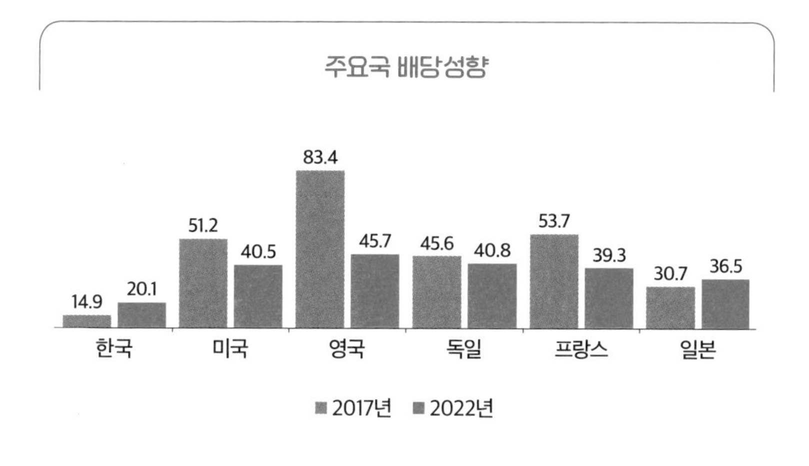

자료: 블룸버그, 금융위원회

입니다.

최근 배당주에 대한 관심이 높아지면서 국내 기업의 배당성향 상향을 요구하는 목소리가 커지고 있습니다. 미리미리 배당주를 사서 보유하면, 수년 뒤에 다른 국가들처럼 배당성향이 오른다면 빛을 볼지 모릅니다. 지금 5% 받는 배당금이 나중에는 10%가 될 수 있습니다.

단 하나의 ETF만 살 수 있다면

미국 주식 안 하면 바보 소리를 듣는 시대가 되었습니다. 그런데 투자 경험이 풍부한 분은 어렴풋이 느끼고 있을 것입니다. 모두가 'Yes'라고 할 때가 피해야 할 때라는 사실을 말이죠. 주변을 둘러보면 미국 주식 외에 다른 국가의 주식을 사라고 말하는 사람은 거의 보이지 않습니다.

시장이 고평가인지, 저평가인지를 논할 때 자주 등장하는 지표가 있습니다. 바로 버핏지수입니다. 버핏지수는 한 국가의 총 주식가치(시가총액)를 해당 국가의 GDP(국내총생산)로 나눈 값입니다.

버핏지수=(총 주식 가치÷GDP)×100

버핏지수는 주식 시장의 전반적인 가치와 실제 경제 규모를 비교할 수 있는 직관적인 지표로, 장기 투자자로 하여금 전체 시장의 밸류에이션을 평가할 때 도움을 줍니다. 워런 버핏이 2001년 한 인터뷰에서 "어느 순간이든 주식 가치평가가 어디에 있는지 측정하는 데 가장 적합한 단일 지표"라고 말하면서 유명해졌습니다. 미국 주식의 역사적 고점인 1990년대 말 닷컴버블 시기 버핏지수는 135p까지 올라갔습니다.

추세를 보면 2020년 200p를 넘기고 하락한 이후 다시 또 올라가는 모습입니다. 여기서 주목해야 할 건 버핏지수가 아닌

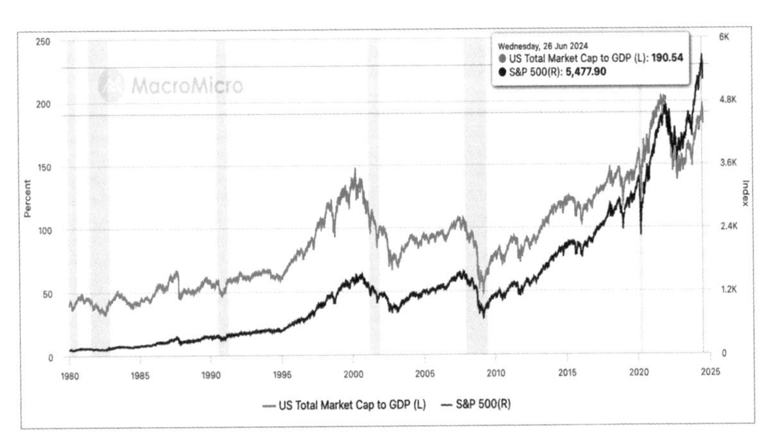

● S&P500지수와 버핏지수(주황색)

자료: MacroMicro

S&P500지수입니다. 혹시 주식을 조금이라도 아는 사람에게 "미국 주식, 뭐 사면 좋을까?"라고 물으면 10명 중 9명은 S&P500 ETF를 추천할 것입니다. 바다 건너 한국에서도 이러는데 본토인 미국은 더 심하겠죠? 전 세계가 너도나도 미국의 S&P500 말고는 관심이 없다 보니 S&P500의 버핏지수는 사상 최고치를 기록하는 중입니다.

지난 10년간의 성과를 살펴보면 전 세계 주식 시장에서 승자는 미국이었습니다. 그중에서도 S&P500이, S&P500에 속한 500개 기업 중에서는 매그니피센트7*의 압승이었습니다. 상위 7개 기업이 전 세계의 돈을 빨아들이고 있는 상태입니다.

여기서 잠깐!

매그니피센트7: '매그니피센트(Magnificent)'란 한국어로 '훌륭한' '멋진' '참으로 아름다운'이라는 뜻이다. 즉 7개의 돋보이는 종목을 의미한다. 애플, 마이크로소프트, 아마존, 구글(알파벳A), 엔비디아, 메타 플랫폼스, 테슬라를 지칭한다.

공교롭게도 2024년 2분기부터 워런 버핏은 애플의 주식을 팔기 시작했고, 하반기 정점을 찍은 것과 동시에 시장에서 대폭락 사태가 일어났습니다. 2024년 8월 5일, 단 하루 만에 미국뿐만 아니라 전 세계 주식 시장이 폭락했습니다. 미국 엔비디아 -6%, 삼성전자 -10.3%, 일본의 미쓰비시UFJ은행은 무려 -17.84%의 하락을 기록합니다. 바로 직전인 8월 초, 일본은행의 금리 인상으로 인해 엔캐리 트레이드 자금이 미국에서 빠져나가면서 미국의 유동성이 감소한 게 시발점입니다. 이어서 미국의 실업률 통계와 소비자 부채 증가 등이 언론에 보도되면서 순식간에 시장에 부정적인 인식이 생깁니다.

무엇이든 급하게 많이 먹다 보면 체하는 법입니다. S&P500에 포함된 기업들이 하루아침에 망할 가능성은 없습니다. 다만 이렇게 급하게 오른 주식 시장은 예상치 못한 조그만 충격에도 쉽게 발작하게 됩니다. 저평가·고평가 상태를 평가하는 다양한 지표가 있겠지만 버핏지수만 놓고 보면 어떤가요? 미국 주식만 사면 될 것 같나요?

미국 vs. 전 세계

무려 지난 15년간 미국은 혼자 독주했습니다. 중국이 부상하는 듯하다가 미·중 무역전쟁 이후 자국 내 부동산 문제로 인해 중국 경제는 어려움을 겪고 있습니다. 이어서 AI붐이 일면서 시장의 돈은 미국으로 흘러갔습니다.

VT, VOO, VTI 비교

구분	VT(전 세계 주식)	VOO(S&P500)	VTI(미국 주식)
출시일	2008년	2010년	2001년
벤치마크	FTSE Global All Cap	S&P500	Dow Jones U.S. Total Stock Market
투자 지역	전 세계	미국	미국
기업 규모	소형주~대형주	대형주	소형주~대형주
포함 기업 수	9천 개 이상	500개	3,674개
수수료	0.07%	0.03%	0.03%

과연 미국과 전 세계 주식시장을 비교해보면 어떤 결과가 나올까요? 뱅가드의 대표 ETF 3종(VT, VOO, VTI)의 성과를 비교해보겠습니다. 먼저 VT는 전 세계 주식 시장을 추적하는 ETF로, 미국 주식뿐만 아니라 전 세계 선진국과 신흥국 약 50개국 9천 개 종목을 포함합니다. VOO는 S&P500지수를 추적하는 ETF로, 미국 대형주 500개 기업으로 구성되어 있습니다. VTI는 미국 전체 주식 시장을 추적하는 ETF입니다. 소형주부터 대형주까지 미국 주식 시장의 거의 모든 공개 거래 기업을 포함합니다.

10년 전 1만 달러를 투자했다면

구분	VT(전 세계 주식)	VOO(S&P500)	VTI(미국 주식)
시작 금액	1만 달러		
10년 뒤 성과	2만 3,582달러	3만 1,871달러	3만 355달러
연평균 수익률	9.36%	12.86%	12.28%
최고의 해	26.82%	31.35%	30.67%
최악의 해	-18.01%	-18.19%	-19.51%
MDD	-25.52%	-23.91%	-24.81%

결과는 미국의 압승입니다. 만약 10년 전에 1만 달러를 투자했다면 10년 후 성과는 S&P500에 투자하는 VOO가 3만 1,871달러, 미국 주식에 투자하는 VTI가 3만 355달러, 마지막으로 전 세계 주식에 투자하는 VT는 2만 3,582달러입니다. 이렇게 정리해 보면 '역시 미국 주식'이란 생각이 듭니다.

물론 전 세계 주식에 투자하더라도 연평균 9.36%라는 놀라운 성과가 나왔겠지만, VOO에 비하면 여전히 낮습니다. 그런데 저는 이 시점에 오히려 S&P500이 아닌 전 세계 주식에 관심을 가질 필요가 있다고 봅니다. 미국에 투자해야 한다는 주장은 크게 2가지입니다. 첫째, 과거 성과가 좋았습니다. 둘째, 앞으로도 시장은 미국이 지배합니다. 확실히 최근 15년간은 그랬습니다. 그런데 그 이전은 어땠을까요?

1900년에는 전 세계 주식 시장에서 미국보다 오히려 영국의 비중이 높았습니다. 1980년대 일본 버블 시기에는 일본이 세상을 장악했습니다. 2000년대에는 브릭스(브라질·러시아·인도·중국)의 시대였습니다. 2010년 이후는 미국의 시대였습니다. 시장의 트렌드는 계속해서 바뀝니다. 과거의 성과가 미래에도 동일할 것이라는 보장은 어디에도 없습니다. 오히려 버핏지수를 통해 미국 주식이 고평가 상태로 접어들었다는 결과를 확인했습니다.

앞으로의 10년도 똑같은 수준으로 미국이 올라갈 수 있을까요? 모두가 추천하는 미국 주식을 왜 워런 버핏은 반대로 팔고 있을까요?

단 하나의 ETF만 고른다면

종목 추천에는 정답이 없습니다. 모두가 당장 돈을 벌고 싶지만 그 정답을 아는 사람은 단 한 명도 없습니다. 하지만 만약에 딱 1개의 ETF만 사서 평생 보유해야 한다면, 저는 주저 없이 VT ETF를 살 것입니다. '전 세계'라고 했지만 사실 VT 역시 포트폴리오엔 미국 주식이 절반 이상을 차지하고 있습니다. 구성 종목을 보면 마이크로소프트, 애플, 엔비디아 등 우리가 아는 미국 기업이 대부분이며 대만 TSMC도 10번째에 위치해 있습니다. 국가 비중을 보면 미국(62.9%) 외에도 일본(5.8%), 영국(3.6%), 중국(2.7%), 한국(1.3%) 등이 보입니다.

VT라고 해서 미국에 투자하지 않는 게 아닙니다. 미국의 비중이 절반 이상인 것은 전 세계 주식 시장에서 미국 주식이 차지하는 비중이 그만큼 크기 때문입니다. 미국 주식의 시가총액 합계가 다른 모든 국가의 주식을 합친 것보다 크다는 것을 의미합니다. 만약 다른 국가들의 비중이 올라간다면 구성 종목과 국가 비중은 바뀔 것입니다.

여러분은 인생에서 얼마나 많은 위기를 경험했나요? 이 책을 읽는 대부분은 코로나19와 글로벌 금융위기 정도를 경험했을 것입니다. 앞으로 우리 인생에서 닷컴버블과 IMF 외환위기, 9·11테러, 동일본 대지진, 러시아·우크라이나 전쟁과 같은 크고 작은 사건은 끊임없이 발생할 것입니다. 그때마다 세상은 망할 것 같고 주식 시장은 당장이라도 붕괴할 것처럼 공포가 확산되겠죠. 하지만 지난 100년간의 경과를 보면, 크고 작은 위기로 잠시 흔들릴지라도 시장은 결국 다시 회복했습니다(물론 시간은 필요합니다). 모든 주식 시장의 붕괴는 회색 코뿔소가 아닌 블랙스완*에서 시작했습니다. 모두가 시장의 붕괴를 예측했다면 금융위기는 존재

 여기서 잠깐!

블랙스완: 극단적으로 예외적이어서 발생 가능성이 작지만 일단 발생하면 엄청난 파급 효과를 가져오는 사건을 가리키는 용어다. 유럽인은 1697년 검은색 백조(블랙스완)를 처음 발견하기까지 모든 백조는 흰색이라고 인식했다. 이때의 발견으로 검은 백조는 '진귀한 것' 또는 '존재하지 않을 것이라고 생각하거나 불가능하다고 인식된 상황이 실제 발생하는 것'을 가리키는 표현으로 사용되고 있다.

하지 않았을 겁니다.

앞으로도 크고 작은 무역분쟁은 계속될 것이고, 전 세계 인구수 1위 국가인 인도의 성장은 눈부실 것입니다. 이 모든 경제 상황 속에서 유일하게 시장의 성과를 '그대로' 추종하고 싶다면 전 세계 주식에 투자하는 VT에 관심을 가질 필요가 있습니다. 존 보글은 말했습니다.

"건초 더미에서 바늘을 찾지 말고, 그냥 건초 더미를 사버려라."

핵심요약

- 장점만 보지 말고 숨어 있는 리스크를 파악하면서 투자하는 자세를 가지도록 합시다. 배당주 투자의 첫 번째 리스크는 고배당주의 함정에 빠지는 것이니까요.
- 고도성장이 끝나버린 이 시기에 우리는 어디에 투자해야 할까요? 저는 돈이 돈을 벌어주는 회사에 투자해야 한다고 봅니다.
- 1~2년 안에 망할 가능성은 없으면서 과거 평균 배당률을 기준으로 지금 가격이 싼지 비싼지를 판단하면 됩니다.

- 예적금처럼 저위험 상품은 아쉽고 암호화폐와 같은 고위험 상품은 겁이 난다면, 유일하게 허상이 아닌 중위험 중수익을 기대할 수 있는 배당주는 어떨까요?
- 적어도 내가 투자하고 있거나 관심이 있는 종목이라면 예상 배당금을 직접 정확하게 계산해봐야 합니다. 우선 불편하지만 꼭 해야 될 작업은 각 기업의 IR 자료나 사업보고서를 확인하는 것입니다.
- 시장의 성과를 '그대로' 추종하고 싶다면 전 세계 주식에 투자하는 VT에 관심을 가질 필요가 있습니다.

즐겁게 투자하고 천천히 부자가 됩시다

투자는 배우면 배울수록 어렵습니다. 관련 책을 읽고 각종 경제용어와 지표를 비교·분석하면 할수록 '모르겠다'는 생각이 들기 시작합니다.

때로는 단순함이 최고일 수 있습니다. 머리가 복잡하다면 본질로 돌아가서 투자의 목적을 생각해보세요. 많은 분이 돈 걱정 없이 행복하게 사는 게 첫 투자의 목적이었을 것입니다. 어느 누구도 스트레스 받으면서 좌절하고 절망하고자 투자를 시작하지는 않습니다. 단순하게 생각하고, 원칙을 지키며 투자하고, 내 주식과 배당금의 성장을 지켜보세요.

이 책을 통해 왜 배당주에 투자해야 하는지, 어떤 배당주를 사야 하는지 이야기했습니다. 지금 이 순간에도 누군가는 암호화폐로 부자가 되고, 로또에 당첨되고 있을 겁니다. 그들을 보며 초조함을 느낄 필요는 없습니다.

배당주 투자가 지금 당장 우리를 부자로 만들어주지 않겠지만, 스트레스를 최소한으로 받으면서 은퇴 시점에는 돈 걱정 없을 만큼 성과를 낼 수 있는 최적의 투자법이라고 확신합니다. 단순히 배당금을 재투자하는 것만으로도 어느 순간 생활비보다 많은 배당금을 매월 꼬박꼬박 받고 있을 겁니다.

투자는 쇼핑처럼 즐거워야 합니다. 오늘은 또 어떤 물건을 살까 설레는 마음과 함께, 이 중 어떤것이 최선의 선택일지 신중하게 결정해야 합니다. 어제 배당금을 받았다면 그 돈으로 또 어떤 종목을 살지 설레는 마음으로 새로운 종목을 찾아보면 어떨까요?

이 책이 돈 걱정 없는 미래를 위한 발판이 되었으면 합니다. 진심으로 감사합니다.

나는 1년간 129번 배당을 받습니다

초판 1쇄 발행 2024년 10월 25일
초판 5쇄 발행 2025년 4월 15일

지은이 | 주식쇼퍼(김태환)
펴낸곳 | 원앤원북스
펴낸이 | 오운영
경영총괄 | 박종명
편집 | 이광민 최윤정 김형욱
디자인 | 윤지예 이영재
마케팅 | 문준영 이지은 박미애
디지털콘텐츠 | 안태정
등록번호 | 제2018-000146호(2018년 1월 23일)
주소 | 04091 서울시 마포구 토정로 222 한국출판콘텐츠센터 319호(신수동)
전화 | (02)719-7735　　팩스 | (02)719-7736
이메일 | onobooks2018@naver.com　　블로그 | blog.naver.com/onobooks2018
값 | 20,000원
ISBN 979-11-7043-581-5 03320

* 원앤원북스는 독자 여러분의 소중한 아이디어와 원고 투고를 기다리고 있습니다. 원고가 있으신 분은 onobooks2018@naver.com으로 간단한 기획의도와 개요, 연락처를 보내주세요.